Das große KOCHBUCH für TEENAGER

Kochen lernen mit 200 einfachen, schnellen und leckeren Rezepte für Teenies, Studenten, Berufstätige und Anfänger

SUSANNE KRÄMER

URHEBERRECHT, RECHTLICHER HINWEIS UND HAFTUNGSAUSSCHLUSS

BITTE BEACHTE, DASS EIN GROẞTEIL DIESER PUBLIKATION AUF PERSÖNLICHEN ERFAHRUNGEN UND ANEKDOTISCHEN BEWEISEN BERUHT. OBWOHL DER AUTOR UND DER VERLAG SICH BEMÜHT HABEN, DEN INHALT DIESES BUCHES VOLLSTÄNDIG UND KORREKT WIEDERZUGEBEN, ÜBERNEHMEN SIE KEINE VERANTWORTUNG FÜR FEHLER ODER AUSLASSUNGEN. AUẞERDEM SOLLTEST DU DIESE INFORMATIONEN NACH EIGENEM ERMESSEN UND AUF EIGENES RISIKO NUTZEN. IN DER TAT IST ES WAHRSCHEINLICH, DASS DEINE SITUATION NICHT GENAU MIT DEN HIER GEZEIGTEN BEISPIELEN ÜBEREINSTIMMT, UND DU SOLLTEST DIE INFORMATIONEN UND EMPFEHLUNGEN ENTSPRECHEND NUTZEN.

ES WIRD DAVON AUSGEGANGEN, DASS ALLE MARKEN, DIENSTLEISTUNGSMARKEN, PRODUKTNAMEN ODER BENANNTEN MERKMALE EIGENTUM DER JEWEILIGEN INHABER SIND UND NUR ZU REFERENZZWECKEN VERWENDET WERDEN. DIE VERWENDUNG EINES DIESER BEGRIFFE BEDEUTET NICHT, DASS ICH SIE BILLIGE. ALLE BILDER IN DIESEM BUCH SIND AN VERSCHIEDENEN STANDORTEN IM INTERNET VERFÜGBAR UND WERDEN ALS IM ÖFFENTLICHEN BEREICH VERFÜGBAR GEMACHT. ES VERSTEHT SICH VON SELBST, DASS DIE VERWENDETEN BILDER IM RAHMEN DER RECHTE DES AUTORS UND DES HERAUSGEBERS GEMÄẞ DEM U.S. COPYRIGHT FAIR USE ACT (TITLE 17, U.S. CODE) VERWENDET WERDEN.

UND SCHLIEẞLICH, BENUTZE DEINEN KOPF. NICHTS IN DIESEM BUCH SOLL DEN GESUNDEN MENSCHENVERSTAND, RECHTLICHE ODER ANDERE PROFESSIONELLE BERATUNG ERSETZEN, SONDERN DEN LESER INFORMIEREN UND UNTERHALTEN.

INHALT

VORSPEISEN

Gebratene Möhren

Schwierigkeitsgrad:	Zubereitung:	Kochzeiten:	Portionen:
leicht	3 min	10 min	2 Stück

Zutaten

- 50 g Parmesankäse
- 250 g Möhren
- 1 Esslöffel Paprika
- Salz
- Thymian
- Rosmarin
- Preiselbeermarmelade
- Erdnussöl

Zubereitung

- Beginne mit der Panade.
- Den Rosmarin hacken und mit dem geriebenen Käse vermischen.
- Gib den Thymian dazu und mische das Paprikapulver unter.
- Nun zu den Karotten.
- Schäle und schneide sie, dann halbiere sie oder schneide sie in 4 Teile (je nach Größe).
- Schneide die Teile in etwa 1 cm dicke Stangen
- Tauche die Möhren in die Semmelbrösel und drücke sie fest an.
- Frittiere die panierten Möhren in einer Pfanne mit heißem Öl bei 180°.
- Nach etwa 1 Minute sind die Sticks goldbraun und du kannst sie auf saugfähigem Papier abtropfen lassen.
- Würze erneut mit der restlichen Panade und Salz und brate die anderen Stäbchen weiter.
- Mit Preiselbeermarmelade servieren.

Knuspriger Mozzarella

Schwierigkeitsgrad:	Zubereitung:	Kochzeiten:	Portionen:
Sehr leicht	12 min	9 min	12 Stück

Zutaten

- 250 g Mozzarella
- 10 ml Vollmilch
- 1 mittelgroßes Ei
- Semmelbrösel
- Weizenmehl
- Erdnussöl
- Salz
- Schwarzer Pfeffer

Zubereitung

- Schneide die Mozzarellas in ca. 2 cm große Scheiben und schneide sie dann in Würfel.
- Lass die Würfel abtropfen und trockne sie in einem Sieb.
- Die Mozzarellawürfel in einer Schüssel mit Mehl bestäuben, so dass jeder Würfel vollständig bedeckt ist.
- Schlage in einer anderen Schüssel das Ei mit Salz, Pfeffer und ein wenig Milch auf.
- Tauche die Mozzarella-Stücke in die Mischung und lass sie gut durchweichen.
- Dann tauchst du die Häppchen in Semmelbrösel.
- Wiederhole den Vorgang ein zweites Mal, damit die Häppchen knuspriger werden.
- Achte darauf, dass die Mozzarella-Stücke perfekt mit der Panade bedeckt sind.
- Deine Mozzarellas sind jetzt bereit zum Braten.
- Gieße das Bratöl in eine große Pfanne.
- Bevor du die Mozzarellas in das Öl gibst, vergewissere dich, dass es die richtige Temperatur hat; gib einfach ein wenig Semmelbrösel in das Öl. Wenn es brutzelt, kannst du damit fortfahren, 3 oder 4 Mozzarellastücke auf einmal zu frittieren.
- Lass sie ein paar Minuten lang braten (oder bis sie goldbraun sind).
- Pass gut auf, dass du sie nicht punktierst.
- Lass es auf saugfähigem Papier trocknen.
- Überschüssiges Öl mit weiteren Papiertüchern entfernen.

Sandwich mit geschmolzenem Käse

Schwierigkeitsgrad:	Zubereitung:	Kochzeiten:	Portionen:
Sehr leicht	6 min	7 min	2 Stück

Zutaten

- 80 g Cheddar
- 120 g Weißbrot (4 Scheiben)
- Butter bei Raumtemperatur

Zubereitung

- Schneide zunächst das Brot in Scheiben, du brauchst 4 Scheiben von etwa 1,5 cm Dicke.
- Butter alle 4 nur auf einer Seite.
- Reibe den Cheddar und verteile ihn großzügig auf 2 Scheiben, auf der ungebutterten Seite.
- Bedecke sie mit den anderen Scheiben Brot, mit der gebutterten Seite nach außen, so dass die beiden Sandwiches innen Käse und außen Butter haben.
- Erhitze eine antihaftbeschichtete Pfanne und lege das Sandwich auf mittlere Hitze.
- Bedecke sie für ein paar Minuten mit einem Deckel.
- Drehe das Sandwich um und zerdrücke es, um das Schmelzen des Käses zu beschleunigen, und decke es eine weitere Minute lang zu.
- Warte, bis der Käse vollständig geschmolzen ist, dann ist das Sandwich fertig.
- Teile es in der Mitte, um zwei Dreiecke zu bilden.

Bruschetta Caprese

Schwierigkeitsgrad:	Zubereitung:	Kochzeiten:	Portionen:
Sehr leicht	9 min	6 min	2 Personen

Zutaten

- 125 g Mozzarella
- 2 Scheiben Brot
- 5 Tomaten
- 4 Blätter Basilikum
- 1 Prise Oregano
- 6 schwarze Oliven
- 1 Zehe Knoblauch
- Natives Olivenöl extra
- Salz

Zubereitung

- Schneide 2 Scheiben Brot 2 cm dick und röste sie auf der Ober- und Unterseite in einer Pfanne.
- Bringe sie zu einer goldenen Farbe.
- Reibe dann eine Knoblauchzehe über beide Scheiben.
- Stelle das Brot weg und sammle die Zutaten für das Dressing.
- Lass den Mozzarella abtropfen und schneide ihn in kleine Würfel. Schneide die Kirschtomaten in 4 Stücke.
- Mozzarella, schwarze Oliven und Kirschtomaten in eine Schüssel geben, Basilikum (gehackt), Oregano, Salz und kaltgepresstes Olivenöl hinzufügen.
- Umrühren, um alle Aromen zu vermischen.
- Verteile die Mischung nun auf den Brotscheiben und würze sie vor dem Servieren noch einmal mit etwas Olivenöl.

Lachs-Bruschetta

Schwierigkeitsgrad:	Zubereitung:	Portionen:
Sehr leicht	16 min	2 Personen

Zutaten

- 200 g Mehrkornbrot
- 180 g geräucherter Lachs
- 30 g Butter
- 25 g Kapern
- 25 g Rucola
- 1 Zitrone
- Grobes Salz

Zubereitung

- Schneide das Brot in Scheiben, die etwa 1 cm dick sein sollten; lege sie auf das Schneidebrett, halbiere sie und bestreiche sie mit einer Schicht Butter (etwa 5 g).
- Mache das Gleiche für alle Brotscheiben.
- Schneide den Lachs in Scheiben, jede Scheibe sollte etwa 30 g schwer und so groß wie eine Brotscheibe sein.
- Richte die Lachsscheiben auf dem Brot an und gib auf jedes Stück Rucola (etwa 4 g pro Scheibe).
- Gib einen Teelöffel Kapern (ca. 4 g) zu jeder Scheibe und füge schließlich grobes Salz und Zitronensaft hinzu.

Gefüllter Mozzarella

Schwierigkeitsgrad:	Zubereitung:	Portionen:
Sehr leicht	9 min	2 Personen

Zutaten

- 2 Mozzarella (125 g)
- 40 g Kirschtomaten
- Natives Olivenöl extra
- Schwarzer Pfeffer
- Salz
- Oregano
- Basilikum, ein paar Blätter

Zubereitung

- Höhle das Innere der beiden Mozzarellas aus, würfle den Inhalt und stelle sie beiseite.
- Trockne die Mozzarellas, indem du sie mit der Öffnung nach unten liegen lässt.
- Schneide die Tomaten in vier Teile und gib sie in eine Schüssel, in die du fast alle Mozzarella-Würfel gibst, den Rest behältst du für die Präsentation des Gerichts beiseite.
- Mit Olivenöl, Salz, Pfeffer, getrocknetem Oregano und Basilikumblättern würzen.
- Mische alles zusammen.
- Fülle die Mozzarellas mit der Füllungsmischung und lege ein paar Mozzarella-Würfel, die übriggeblieben sind, auf den Teller!

Bruschetta mit Feigen und Schinken

Schwierigkeitsgrad:	Zubereitung:	Kochzeiten:	Portionen:
leicht	9 min	6 min	2 Stück

Zutaten

- 100 g Feigen
- 100 g Brot
- 100 g Frischkäse
- 50 g Rohschinken (4 Scheiben)
- 10 g Honig
- Schnittlauch 2 Stränge
- Schwarzer Pfeffer
- Salz

Zubereitung

- Schneide zwei gleich dicke Scheiben Brot ab.
- Erhitze einen Grill und röste die beiden Scheiben auf beiden Seiten ein paar Minuten lang.
- Stelle die Bruschetta beiseite.
- Nimm den Frischkäse.
- Schneide den Schnittlauch, nachdem du ihn gründlich gewaschen hast.
- Kombiniere ihn in einer Schüssel mit dem Frischkäse und vermische die Zutaten gründlich.
- Mit Salz und Pfeffer abschmecken.
- Bereite nun die Feigen vor: Wasche sie, halbiere sie und schneide sie dann noch einmal in drei Teile.
- Verteile den Honig auf der gesamten Oberfläche.
- Auf dem heißen Grill von beiden Seiten ein paar Sekunden grillen und die Scheiben mit einer Küchenzange wenden.
- Jetzt kannst du die Bruschettas zusammenstellen.
- Nimm den Frischkäse und streiche ihn auf die Brotscheiben.
- Auf jede Scheibe 2 Scheiben Schinken und Feigenscheiben legen.
- Wiederhole den Vorgang natürlich für die zweite Scheibe.

Hartgekochte Eier

Schwierigkeitsgrad:	Zubereitung:	Kochzeiten:	Portionen:
leicht	3 min	8 min	2 Stück

Zutaten

- 2 Eier bei Raumtemperatur

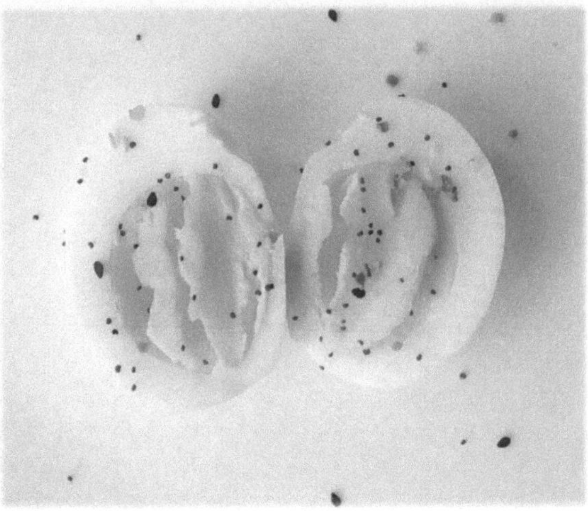

Zubereitung

- Gib die Eier schnell in einen Topf mit Wasser, es sollte genug Wasser da sein, um die Eier unterzutauchen.
- Bringe das Wasser zum Kochen und koche es von da an 8 Minuten lang.
- Nun die Eier abgießen und unter kaltem Leitungswasser abkühlen lassen.
- Schlage die Spitze des Eies leicht an, um die Schale aufzubrechen und beginne dann, die Schale zu entfernen.

Weichgekochte Eier

Schwierigkeitsgrad:	Zubereitung:	Kochzeiten:	Portionen:
leicht	3 min	4 min	2 Stück

Zutaten

- 2 Eier

Zubereitung

- Bringe einen Topf mit Wasser zum Kochen.
- Dann die Eier hineingeben, sie müssen 4 Minuten lang untergetaucht bleiben.
- Bei Eiern aus dem Kühlschrank dauert es 4 Minuten, bei Eiern mit Zimmertemperatur reichen 3 Minuten.
- Wenn die Kochzeit abgelaufen ist, schüttelst du sie vorsichtig und gibst sie in den Eierbecher, wobei du mit einem Löffel auf die Oberseite des Eies klopfst, um die Schale aufzubrechen.
- Entferne die Schale und schäle das Eiweiß ab, bis das Eigelb (das halbflüssig ist) sichtbar wird

Eier mit Avocado und Lachs

Schwierigkeitsgrad:	Zubereitung:	Kochzeiten:	Portionen:
leicht	4 min	11 min	2 Personen

Zutaten

- 45 g Räucherlachs
- 2 Eier
- 1 Avocado
- 1 Limette
- Schnittlauch, 3 Zweige
- Natives Olivenöl extra
- Schwarzer Pfeffer
- Rosa Pfefferkörner
- Salz

Zubereitung

- Reibe die Limettenschale ab und bewahre sie in einer Schüssel auf.
- Schneide den Schnittlauch und stelle ihn beiseite.
- Halbiere die Avocado (für 2 Personen brauchst du insgesamt 350 g Avocado), entferne den Stein, drücke etwas Limette darüber und löffle dann das Fruchtfleisch mit einem Löffel aus (Tipp: Schneide das Fruchtfleisch erst waagerecht und dann senkrecht ein, dann lässt es sich leichter entfernen).
- Lege eine Scheibe Lachs auf jede Avocadohälfte, salze und pfeffere sie und füge die zuvor abgeriebene Limettenschale hinzu.
- Jetzt geht es an die Eier: Erhitze eine Pfanne mit Olivenöl und gib die Eier hinein, ohne sie zu rühren.
- Ein paar Minuten kochen (max. 3).
- Sobald die Eier gar sind, legst du sie auf die Avocado.
- Mit rosa Pfeffer und gehackten Frühlingszwiebeln würzen.

Lachsschaum

Schwierigkeitsgrad:	Zubereitung:	Portionen:
leicht	16 min	3 Personen

Zutaten

- 125 g Ricotta-Käse
- 50 g Räucherlachs
- 50 ml Sahne
- Dill, 3 Stangen
- Schwarzer Pfeffer
- Salz
- 7 Scheiben Schwarzbrot
- Kaviar
- Dill

Zubereitung

- Den Ricotta zusammen mit dem Räucherlachs in einem Mixer fein hacken.
- Wasche und hacke den Dill mit einem Messer und gib ihn in den Mixer, püriere alles und schmecke es mit Salz und Pfeffer ab.
- Die frische Sahne aufschlagen und mit einem Spatel unter die Lachscreme heben.
- Schneide Schwarzbrotscheiben in Formen und röste sie in einer Pfanne, bis sie knusprig sind.
- Verteile die Lachsmousse auf den Brotscheiben und serviere sie mit mehr Dill und Kaviar.

Überbackene Jakobsmuscheln

Schwierigkeitsgrad:	Zubereitung:	Kochzeiten:	Portionen:
Sehr leicht	14 min	14 min	2 Personen

Zutaten

- 50 g Semmelbrösel
- 20 g natives Olivenöl extra
- 4 Jakobsmuscheln
- Schale einer Zitrone
- Petersilie
- Thymian
- Schwarzer Pfeffer
- Salz

Zubereitung

- Gib die Semmelbrösel in einen Mixer, füge Öl, Salz, Pfeffer, Kräuter, Petersilie, Majoran, Thymian und auch etwas geriebene Zitronenschale hinzu.
- Mixe sie, um das Semmelbrösel zu erhalten.
- Die Jakobsmuscheln in den Semmelbröseln wenden und im belüfteten Ofen bei 190° etwa fünfzehn Minuten backen (oder bis sich eine knusprige Kruste gebildet hat).

Thunfischfilet in einer Walnuss-Pistazien-Kruste

Schwierigkeitsgrad:	Zubereitung:	Kochzeiten:	Portionen:
leicht	11 min	6 min	2 Stück

Zutaten

- 200 g Thunfischfilet
- 40 g Sojasauce
- 25 g ungeröstete und ungesalzene Pistazien
- 25 g Walnüsse

Zubereitung

- Verwende einen Mixer, um die Nüsse und Pistazien (geschält) zu pürieren.
- Versuche, ein ziemlich grobes Ergebnis zu erzielen, nicht zu fein.
- Gebe sie in einen Topf.
- Gib die Sojasauce in eine Schüssel und befeuchte beide Seiten des Thunfischfilets. Tauche es dann in die Panade und achte darauf, dass das Filet vollständig bedeckt ist.
- Erhitze eine Pfanne und brate den Thunfisch ein paar Minuten auf jeder Seite an, indem du das Filet mit einer Küchenzange wendest. Achte darauf, es nicht zu lange zu kochen, das Filet sollte rosa bleiben.
- Sobald das Filet gar ist, schneidest du es in etwa 2 cm dicke Scheiben.
- Mit einem Spritzer zusätzlicher Sojasauce servieren.

Bunter Lachs mit Gemüse

Schwierigkeitsgrad:	Zubereitung:	Portionen:
leicht	16 min	2 Personen

Zutaten

- 250 g Lachsfilet
- 40 ml Weißweinessig
- 150 ml Wasser
- ½ Stange Staudensellerie
- ½ rote Zwiebel
- ½ Karotte
- Rosa Pfeffer
- Schwarzer Pfeffer
- Salz

Zubereitung

- Der ideale Lachs für dieses Rezept ist norwegisch, sonst musst du ihn aus Sicherheitsgründen einfrieren und kühlen.
- Schäle die Zwiebel und halbiere sie, dann schneide die beiden Hälften in Scheiben.
- Wasche die Selleriestange gut und entferne die Blätter (sowohl die seitlichen als auch die äußeren).
- Benutze einen Kartoffelschäler, um die äußere Schicht der Fäden zu entfernen.
- Jetzt kannst du auch den Sellerie in dünne Streifen schneiden.
- Nimm nun eine Schüssel, in die du Wasser, Weißweinessig, Salz, rosa Pfeffer, schwarzen Pfeffer und das zuvor geschnittene Gemüse (Sellerie, Karotte, Zwiebel) gibst.
- Befreie das Lachsfilet mit einer Küchenzange von den Gräten und schneide es dann in dünne Scheiben.
- Gib die Lachshäppchen in die zuvor hergestellte Mischung und decke die Schüssel mit Frischhaltefolie ab.
- Lass sie ein paar Stunden im Kühlschrank marinieren.
- Nach zwei Stunden hat der Lachs alle Aromen aufgesogen und das Gericht ist fertig!

Mozzarella und Krabbenwürfel

Schwierigkeitsgrad:	**Zubereitung:**	**Portionen:**
leicht	14 min	2 Personen

Zutaten

- 200 g rote Garnelen
- 20 g Mozzarella (in Stücken)
- Schale einer halben Zitrone
- 5 g natives Olivenöl extra
- Basilikum
- Schwarzer Pfeffer
- Salz

Zubereitung

- Säubere die roten Garnelen und entferne dann Kopf, Beine und Schwanz.
- Entferne den schwarzen Teil vom Rücken der Garnele (den Darm).
- Wenn die Garnelen sauber sind, zerkleinere sie mit einem Messer (ohne zu übertreiben).
- Würze die Garnelen in einer Schüssel, würze sie mit Olivenöl, Salz und Pfeffer.
- Gib das gehackte Basilikum hinzu und mische es gründlich.
- Die Mozzarella-Häppchen abtropfen lassen, indem du sie halbierst und mit einem Küchenhandtuch abtupfst.
- Reibe die Zitronenschale in eine Schüssel.
- Jetzt hast du alle Zutaten parat: Nimm einen Aperitiflöffel und gib einen Happen Mozzarella und die Garnelen hinein.

Schwertfisch mit Senf

Schwierigkeitsgrad:	Zubereitung:	Portionen:
leicht	9 min	2 Personen

Zutaten

- 200 g Carpaccio vom geräucherten Schwertfisch
- 2 Teelöffel grobkörniger Senf
- 10 g Pinienkerne
- 1 Bund Petersilie
- 1 Teelöffel Weißweinessig
- Natives Olivenöl extra
- Salz

Zubereitung

- Bereite zunächst die Sauce zu: Nimm einen Mixer und püriere die Petersilie mit den Pinienkernen, einem Teelöffel Weißweinessig und dem nativen Olivenöl.
- Du solltest eine cremige und homogene Mischung erhalten.
- Gib die Sauce in eine kleine Schüssel und füge zwei Teelöffel Senf und Salz hinzu.
- Der Senf wird nach dem Mixen hinzugefügt, damit die Samen ganz und knackig bleiben.
- Das Schwertfisch-Carpaccio auf einer Salatschicht anrichten, mit Öl beträufeln und mit der zuvor zubereiteten Sauce übergießen und mindestens 20 Minuten ruhen lassen.
- Das Gericht kann nun bei Zimmertemperatur serviert werden.

Geräucherter Schwertfisch mit Rucola und Apfelsalat

Schwierigkeitsgrad:	Zubereitung:	Portionen:
leicht	9 min	2 Personen

Zutaten

- 250 g Apfel
- 50 g Rucola
- 100 g Carpaccio vom geräucherten Schwertfisch
- 50 g griechischer Joghurt
- 0,25 g Schnittlauch
- 15 g grobkörniger Senf
- 25 g natives Olivenöl extra
- Saft einer halben Zitrone
- ½ Zehe Knoblauch
- Schwarzer Pfeffer
- Salz

Zubereitung

- Beginne mit der Sauce: Drücke den Knoblauch in eine kleine Schüssel, zu der du Zitronensaft und Senf gibst.
- Gib auch den Joghurt und das Olivenöl (15 g) hinzu und mixe alles zu einer glatten Masse.
- Mit Salz und Pfeffer abschmecken.
- Schneide den Schnittlauch und stelle ihn beiseite.
- Schäle die Äpfel und schneide den oberen und unteren Teil ab.
- Die Äpfel halbieren und dann noch einmal halbieren (also jeden Apfel in 4 Segmente).
- Entferne die Kerne aus jedem Segment.
- Schneide die Segmente in sehr dünne Scheiben.
- Nimm eine Schüssel und gib den Rucola und die Apfelscheiben hinein.
- Mit Öl, Salz und Pfeffer würzen und auf eine Servierplatte geben.
- Lege das Schwertfisch-Carpaccio auf ein Salatbett und sei beim Servieren kreativ.
- Mit der vorbereiteten Sauce übergießen und mit Schnittlauch bestreuen.

Pikante Garnelen

Schwierigkeitsgrad:	Zubereitung:	Kochzeiten:	Portionen:
leicht	11 min	5 min	2 Personen

Zutaten

- 250 g Garnelen
- 1 Zehe Knoblauch
- ½ frische Chilischote
- 3 Esslöffel natives Olivenöl extra
- Schwarzer Pfeffer
- Salz

Zubereitung

- Säubere die Garnelen, schäle sie und entferne den schwarzen Faden aus dem Darm.
- Brate zwei Knoblauchzehen in einer Pfanne mit 3 Esslöffeln Olivenöl bei mittlerer Hitze an.
- Wasche nun die Chilischote, entferne ihren Stiel und halbiere sie, um die Kerne im Inneren zu entfernen. Nun kannst du sie fein hacken und mit dem Öl in die Pfanne geben.
- Jetzt kannst du die Garnelen dazugeben und sie von beiden Seiten etwa 4 Minuten lang braten.
- Koche sie nicht zu lange, da sie sonst zu hart werden könnten.
- Mit Salz und Pfeffer abschmecken.

Brot mit Butter und Sardinen

Schwierigkeitsgrad:	Zubereitung:	Kochzeiten:	Portionen:
leicht	4 min	9 min	2 Personen

Zutaten

- 50 g abgetropfte würzige Sardinen in Öl
- 2 Scheiben hausgemachtes Brot
- 40 g gesalzene Butter
- Ein halber Pfirsich
- Petersilie

Zubereitung

- Die Petersilie hacken und die Butter in einer Schüssel schmelzen, bis du eine cremige Konsistenz hast, zu der du die Petersilie hinzufügst.
- Wasche nun den Pfirsich und halbiere ihn, um den Stein zu entfernen, dann schneide ihn in Scheiben und dann in Würfel.
- Schneide Brotscheiben und toaste sie in einem Stück, bis sie knusprig sind.
- Streiche die Buttercreme auf die Brotscheiben und gib einen Löffel gewürfelte Pfirsiche und Sardinenfilets darauf.

Gebratener Tofu

Schwierigkeitsgrad:	Zubereitung:	Kochzeiten:	Portionen:
leicht	11 min	4 min	6 Personen

Zutaten

- 150 g Tofu
- Salbei
- Rosmarin
- 25 g Sojasauce
- 150 g Wasser
- 100 g Weizenmehl
- Salz
- 50 g Semmelbrösel
- 1 Teelöffel Rosmarin zum Hacken
- Salz
- Öl

Zubereitung

- Schneide den Tofu in 2/3 cm große Würfel.
- Nimm eine Schüssel und gib Sojasauce, Rosmarin, Salbei und die Tofuwürfel hinein.
- Verschließe die Schüssel mit Frischhaltefolie, um sie marinieren zu lassen.
- Nimm die Semmelbrösel und würze sie in einer Schüssel mit Salz und gehacktem Rosmarin.
- Jetzt den Teig: Mehl (100 g), Salz und Wasser (150 g) in eine Schüssel geben und gut vermischen.
- Jetzt kannst du alles frittieren: Erhitze das Öl auf 170°, fische die Tofuwürfel heraus und tauche sie in den Teig, um sie dann in Semmelbröseln zu panieren.
- Brate immer nur ein paar Stücke auf einmal und brate sie etwa 1 Minute lang oder bis sie goldbraun sind.
- Lass die Würfel auf saugfähigem Küchenpapier ruhen.

ERSTE GERICHTE

Spaghetti mit Knoblauch, Öl und Chili

Schwierigkeitsgrad:	**Zubereitung:**	**Kochzeiten:**	**Portionen:**
sehr leicht	6 min	9 min	2 Personen

Zutaten

- 160 g Spaghetti
- 2 Knoblauchzehen
- 35 g natives Olivenöl extra
- 1 Chili
- Salz

Zubereitung

- Koche einen Topf mit Wasser. Sobald es kocht, salze das Wasser und gib die Nudeln hinein.
- Reinige den Knoblauch und schneide die Zehen in zwei Hälften.
- Schneide den Knoblauch in sehr dünne Scheiben.
- Mache dasselbe mit dem Chili, wobei du den Stiel wegwirfst.
- Gieße das Öl in eine große Bratpfanne.
- Erhitze das Öl bei schwacher Hitze und gib Knoblauch und Chili hinzu.
- Koche das Ganze ein paar Minuten lang auf sehr kleiner Flamme, damit die Gewürze nicht verbrennen.
- Wenn die Nudeln gekocht sind (befolge die Anweisungen auf der Packung), lass sie abtropfen und gib sie in die Pfanne mit der Sauce.
- Mische die Nudeln gut durch, indem du sie schwenkst.

Nudeln mit 4 Käsesorten

Schwierigkeitsgrad:	Zubereitung:	Kochzeiten:	Portionen:
leicht	11 min	14 min	2 Personen

Zutaten

- 160 g Penne-Nudeln
- 40 g weicher Taleggio-Käse
- 40 g Parmigiano-Reggiano-Käse
- 50 g Gorgonzolakäse
- 40 g Gruyère-Käse zum Reiben
- 90 ml Vollmilch
- Weißer Pfeffer
- Salz

Zubereitung

- Koche einen Topf mit Wasser. Sobald es kocht, salze das Wasser und gib die Nudeln hinein.
- In der Zwischenzeit den Gruyère in große Stücke reiben, den Taleggio in kleine bis mittelgroße Würfel schneiden und den Gorgonzola in kleine Stücke schneiden.
- Erhitze die Milch in einem Topf auf kleiner Flamme. Sobald sie heiß ist, gibst du den Taleggio und den Gorgonzola hinzu.
- Schmelze alles zusammen und rühre es langsam um, dann gib den Gruyère -Käse und den geriebenen Parmesan hinzu.
- Mische alles für weitere 30 Sekunden und schalte dann die Hitze aus.
- Wenn die Nudeln gar sind, lass sie abtropfen und gib sie in die 4-Käse-Creme.
- Würze mit Pfeffer und/oder Salz, rühre um, damit sich alle Zutaten verbinden, und dann kannst du servieren.

Spaghetti mit Thunfisch

Schwierigkeitsgrad:	Zubereitung:	Kochzeiten:	Portionen:
sehr leicht	6 min	9 min	2 Personen

Zutaten

- 160 g Spaghetti
- 200 g geschälte Tomaten
- Natives Olivenöl extra
- 75 g Thunfisch in Dosen
- ½ Zwiebel
- Basilikum
- Schwarzer Pfeffer
- Salz

Zubereitung

- Koche einen Topf voll Wasser, das du nach Geschmack gesalzen hast. Das Öl vom Thunfisch aus der Dose abgießen.
- Schneide die Zwiebel in sehr dünne Scheiben. Erhitze das Öl in einer kleinen Pfanne und gib die Zwiebelscheiben hinein.
- Lass es ein paar Minuten kochen und rühre dabei oft um, damit es nicht anbrennt.
- Zerbrich den Thunfisch und gib ihn in die Pfanne, koche ihn 2/3 Minuten lang.
- Zerdrücke die geschälten Tomaten mit einer Gabel und gib sie zusammen mit dem Thunfisch in die Pfanne.
- Koche die Sauce etwa 9 Minuten lang.
- In der Zwischenzeit gibst du die Spaghetti in das kochende Wasser und kochst sie nach Packungsanweisung.
- Sobald die Spaghetti gekocht sind, abtropfen lassen und mit der Sauce in die Pfanne geben, Pfeffer und Basilikum hinzufügen.
- Mische alles gut durch.

Würzige Spaghetti

Schwierigkeitsgrad:	Zubereitung:	Portionen:
sehr leicht	9 min	2 Personen

Zutaten

- 160 g Spaghetti
- 1 Getrockneter Chili
- 1 Zehe Knoblauch
- 13 g natives Olivenöl extra
- 150 g Tomatensauce
- Basilikum

Zubereitung

- Koche die Sauce in einem Topf für etwa 9 Minuten.
- Koche die Spaghetti in einem Topf mit kochendem, gesalzenem Wasser nach der Kochanleitung auf der Packung.
- Brate in der Zwischenzeit eine Knoblauchzehe zwei Minuten lang in Öl an (in einer anderen Pfanne).
- Wenn die Nudeln gekocht sind, lass sie abtropfen und gib sie in die Sauce. Hacke nun den getrockneten Chili und gib ihn zu den Nudeln.
- Eine Minute lang mixen und den Knoblauch entfernen.
- Würze mit Salz und wenn du möchtest, kannst du die Hitze erhöhen, damit die Nudeln leicht anbraten und knusprig werden.

Nudeln mit Sardellen und Kirschtomaten

Schwierigkeitsgrad:	Zubereitung:	Kochzeiten:	Portionen:
sehr leicht	5 min	11 min	2 Personen

Zutaten

- 200 g Nudeln (jede Art)
- 60 g Kirschtomaten
- 2 Blätter Basilikum
- 23 g natives Olivenöl extra
- 15 g Gesalzene Sardellen
- Chili
- 1 Zehe Knoblauch
- Salz

Zubereitung

- Koche Wasser in einem Topf.
- Wenn es kocht, salze es nach Geschmack.
- In der Zwischenzeit kannst du mit der Sauce fortfahren.
- Wasche die Kirschtomaten und schneide sie zuerst in zwei Hälften und dann in Viertel, so dass pro Tomate 4 Spalten entstehen.
- Gib ein wenig Öl und eine Knoblauchzehe in eine Pfanne, lass sie goldgelb werden und nimm sie dann aus der Pfanne.
- Säubere nun die Sardellen und gib sie in die Pfanne, um sie im Öl zu braten.
- Wenn sie gebraten sind, gib die Kirschtomaten dazu.
- Auf großer Flamme ein paar Minuten lang anbraten.
- Entferne die Kerne aus dem Chili, schneide ihn in Scheiben und gib ihn mit Salz und Pfeffer in die Pfanne.
- (Sei vorsichtig und salze nicht zu viel, die Sardellen haben bereits viel Salz abgegeben)
- Sobald die Nudeln gekocht sind, lässt du sie abtropfen und tauchst sie in die Sauce, mischst sie gut durch und servierst sie dann mit Basilikumblättern garniert.

Nudeln mit Schafskäse und Erbsencreme

Schwierigkeitsgrad:	Zubereitung:	Kochzeiten:	Portionen:
leicht	6 min	11 min	2 Personen

Zutaten

- 160 g Nudeln (jede Art)
- 150 g Erbsen
- 35 g getrocknete Tomaten in Öl
- 20 g natives Olivenöl extra
- 40 g Schalotte
- 13 g Pecorino-Käse
- Schale einer Zitrone
- Schwarzer Pfeffer
- Salz

Zubereitung

- Schneide die Schalotte in sehr dünne Scheiben.
- Gib etwas Wasser in einen Topf und koche es für die Nudeln.
- Erhitze in der Zwischenzeit das Öl in einer Pfanne und brate die Schalotte zwei Minuten lang bei mittlerer Hitze an.
- Dann die Erbsen, Salz, Pfeffer und eine Kelle des Nudelkochwassers hinzufügen.
- Mit einem Deckel abdecken und etwa 8 Minuten kochen.
- In der Zwischenzeit gibst du die Nudeln in das kochende Wasser und befolgst die Kochanweisungen auf der Packung.
- Wenn die Erbsen gekocht sind, nimm drei Viertel davon und gib sie in ein hohes Glas, füge 20 g Olivenöl, eine Kelle Kochwasser und etwas geriebenen Schafskäse hinzu.
- Alles mit einem Mixer pürieren, bis eine homogene Creme entstanden ist.
- Die sonnengetrockneten Tomaten in den Saucentopf geben.
- Wenn die Nudeln gekocht sind, abgießen und in den Saucentopf geben.
- Nun die Erbsencreme, die geriebene Zitronenschale und etwas mehr Schafskäse darüber geben.

Nudeln mit Thunfisch und Ricotta

Schwierigkeitsgrad:	Zubereitung:	Kochzeiten:	Portionen:
sehr leicht	6 min	11 min	2 Personen

Zutaten

- 160 g Nudeln (jede Art)
- 75 g Ricotta-Käse
- 75 g Thunfisch in Öl
- Petersilie

Zubereitung

- Koche Wasser in einem Topf.
- Sobald es kocht, fügst du das Wasser hinzu und gibst die Nudeln für die auf der Packung angegebene Kochzeit hinein.
- In der Zwischenzeit für den Belag den Thunfisch in einer Schüssel abtropfen lassen und mit dem Ricotta vermischen.
- Gib außerdem zwei Kellen Kochwasser hinzu und püriere sie mit einem Mixer, bis sie cremig und glatt sind.
- Wasche und hacke die Petersilie.
- Wenn die Nudeln gekocht sind, lass sie abtropfen und mische sie mit dem Ricotta und der Thunfischcreme.
- Bestreue das Gericht vor dem Servieren mit Petersilie.

Reis-Teller

Schwierigkeitsgrad:	Zubereitung:	Kochzeiten:	Portionen:
sehr leicht	11 min	11 min	2 Personen

Zutaten

- 600 g Kaltes Safran-Risotto
- 20 g Grana Padano
- Esslöffel Butterschmalz

Zubereitung

- Fette einen Teller mit Butter ein, teile den Reis in zwei Hälften und zerdrücke ihn mit einem Löffel, sodass zwei dünne Scheiben entstehen.
- Erhitze eine Pfanne und schmelze einen Esslöffel Butter, gebe das Risotto in die Pfanne.
- Falls die Scheibe kaputt geht, ist das kein Problem, denn du kannst alles wieder zusammensetzen, sobald sie in der Pfanne ist.
- Brate den Reis bei mittlerer Hitze 5/6 Minuten, bis er fast geröstet ist. Wende ihn dann mit einem Deckel, damit du auch die andere Seite anbraten kannst, und brate ihn erneut 5/6 Minuten.
- Wiederhole den Vorgang für die andere Scheibe und würze sie vor dem Servieren mit geriebenem Grana Padano.

Nudeln mit Pesto und Speck

Schwierigkeitsgrad:	Zubereitung:	Kochzeiten:	Portionen:
leicht	11 min	6 min	2 Personen

Zutaten

- 160 g Trofie-Nudeln
- 10 g natives Olivenöl extra
- 75 g Speck
- 25 g geschälte Mandeln
- 25 g Petersilie
- 25 g natives Olivenöl extra
- 20 g Parmesankäse
- 15 g Pinienkerne
- Salz

Zubereitung

- Koche einen Topf mit Wasser. Sobald es kocht, salze das Wasser und gib die Trofie hinein.
- Wasche die Petersilie und gib die Blätter mit Salz, Pinienkernen, Mandeln und geriebenem Parmesan in einen Mixer.
- Gib einen Teelöffel natives Olivenöl hinzu und mische es gründlich.
- Dann stoppst du und fügst das restliche Öl hinzu und mischst erneut, bis alles glatt ist.
- Wenn du die Sauce fertig hast, kannst du die Nudeln in das kochende Wasser geben. Schneide in der Zwischenzeit den Speck in etwa 1 cm dicke Scheiben und schneide sie dann wieder in Würfel.
- Erhitze 20 g Öl in einer Pfanne und brate den Speck für ein paar Minuten an. Dann gib das Pesto in die Pfanne, schalte die Hitze aus und rühre schnell um.
- Lass die Trofie abtropfen und gib sie mit dem Pesto in die Pfanne.

Nudeln mit Schalotte und Lachs

Schwierigkeitsgrad:	Zubereitung:	Kochzeiten:	Portionen:
leicht	11 min	11 min	2 Personen

Zutaten

- 180 g Penne-Nudeln
- 100 g Sahne
- 100 g Räucherlachs
- 75 g Tomaten
- 20 g natives Olivenöl extra
- 20 g Schalotte
- 1 g Schnittlauch
- Schwarzer Pfeffer
- Salz

Zubereitung

- Wasche und schneide sowohl die Kirschtomaten als auch den Schnittlauch.
- Hacke die Schalotte und gib sie bei mittlerer Hitze für 30 Sekunden in eine Pfanne mit Öl.
- Schneide den Lachs in Streifen und gib ihn zusammen mit den Schalotten in die Pfanne.
- Gib auch die Kirschtomaten, Salz, Pfeffer, Schnittlauch und Sahne hinzu.
- Koche einen Topf mit Wasser. Sobald es kocht, salze das Wasser und gib die Nudeln hinein.
- Sobald die Nudeln gekocht sind, abgießen und in die Pfanne mit der Sauce geben.
- Eine Minute lang gut umrühren, damit das Gericht Geschmack annimmt.

Nudeln mit Zucchini, Thymian und Zitrone

Schwierigkeitsgrad:	Zubereitung:	Portionen:
sehr leicht	11 min	2 Personen

Zutaten

- 160 g Nudeln (jede Art)
- 40 g Pecorino-Käse
- 100 g Zucchini
- 13 g Pinienkerne
- Schale einer Zitrone
- Thymian
- Rosa Pfeffer
- 10 g natives Olivenöl extra
- 20 g Zitronensaft
- Senf
- Thymian
- Salz

Zubereitung

- Presse die Zitrone aus, bis du etwa 20 g Saft hast, und bewahre ihn zusammen mit Öl, Salz, Senf und einigen Thymianblättern in einem Behälter auf.
- Schließe den Behälter und schüttle ihn ein paar Sekunden lang.
- Koche nun etwas Wasser in einem Topf, und gib die Nudeln hinein.
- Du kannst die Zucchini reiben, während du die Nudeln kochst.
- Die Zubereitung aus dem Behälter zu den Zucchini geben und gut vermischen.
- Pecorino-Käse hinzugeben und erneut mischen.
- Pinienkerne und geriebene Zitronenschale hinzugeben und erneut mischen.
- Wenn die Nudeln gekocht sind, lass sie abtropfen und gib sie in die Saucenschüssel.
- Mixe ein paar Minuten lang, bis eine cremige Paste entsteht.
- Vor dem Servieren mehr Thymian, Zitronenschale und rosa Pfeffer hinzufügen.

Spaghetti Carbonara

Schwierigkeitsgrad:	Zubereitung:	Kochzeiten:	Portionen:
leicht	16 min	11 min	2 Personen

Zutaten

- 160 g Spaghetti
- Eigelb von 3 mittelgroßen Eiern
- 25 g Pecorino-Käse
- 75 g Speck
- Schwarzer Pfeffer

Zubereitung

- Koche etwas Wasser, das gesalzen wird, sobald es kocht.
- Schneide in der Zwischenzeit den Speck in etwa 1 cm dicke Scheiben und schneide sie dann wieder in Würfel.
- Gib die Würfel in eine Pfanne und brate sie knusprig (aber pass auf, dass sie nicht verbrennen).
- Sobald sie knusprig sind, schaltest du die Hitze aus und stellst die Pfanne von der Herdplatte weg, damit der Speck abkühlen kann.
- In der Zwischenzeit gibst du die Spaghetti in das kochende Wasser und befolgst die Anweisungen zur Kochzeit.
- In einer Schüssel die Eigelbe mit dem Schafskäse und dem schwarzen Pfeffer vermischen.
- Gib ein paar Esslöffel Kochwasser hinzu, damit die Mischung cremiger wird.
- Sobald die Nudeln gekocht sind, lass sie abtropfen und gib sie zusammen mit den Speckwürfeln in die Pfanne.
- Gieße das Ei und die Pecorino-Creme darüber, rühre sehr schnell auf kleiner Flamme, du darfst das Ei nicht zu einem Rührei werden lassen.
- Mit geriebenem Pecorino-Käse und schwarzem Pfeffer bestreuen und servieren.

Spaghetti mit Käse und Pfeffer

Schwierigkeitsgrad:	Zubereitung:	Kochzeiten:	Portionen:
leicht	11 min	11 min	2 Personen

Zutaten

- 160 g Spaghetti
- 100 g Pecorino Romano
- Schwarzer Pfeffer
- Salz

Zubereitung

- Reibe 100 g Pecorino-Romano-Käse.
- Bringe Wasser zum Kochen, salze es und gib die Spaghetti zum Kochen hinzu.
- Röste die Hälfte der Paprika in einer Pfanne bei niedriger Hitze und gib zwei Kellen Kochwasser hinzu.
- Lass die Spaghetti zwei Minuten vor der auf der Packung angegebenen Zeit abtropfen und gib sie mit dem gerösteten Pfeffer in die Pfanne. (Das Kochwasser aufheben.)
- Koche die Spaghetti wie Reis weiterkochen und gelegentlich mehr Wasser hinzufügen (wenn das gesamte Wasser in der Pfanne verdunstet ist).
- Dann mit der Schafskäsecreme fortfahren, etwa 50 g in eine Schüssel geben, etwas Kochwasser hinzufügen, verrühren und bei Bedarf mehr Kochwasser hinzufügen.
- Die restlichen 50 g Pecorino-Käse mit etwas Wasser hinzufügen und verrühren, bis die Creme glatt und homogen ist.
- Gib die Schafskäsecreme zu den Spaghetti und mische alles sehr schnell, indem du die Spaghetti weiter schwenkst und bewegst.
- Mit schwarzem Pfeffer und geriebenem Schafskäse servieren, falls gewünscht.

Nudeln mit Guanciale und Pecorino-Käse

Schwierigkeitsgrad:	Zubereitung:	Kochzeiten:	Portionen:
leicht	11 min	16 min	2 Personen

Zutaten

- 160 g Rigatoni-Nudeln
- 30 g geriebener Pecorino-Romano-Käse
- 125 g Guanciale
- Salz

Zubereitung

- Koche einen Topf voll Wasser für die Nudeln.
- Schneide den Speck in 1 cm dicke Scheiben, dann schneide ihn erneut in Würfel.
- Gib den Guanciale in eine Pfanne und lass ihn bei mittlerer Hitze etwa 10 Minuten lang bräunen, oder bis die Würfel knusprig sind, aber pass auf, dass sie nicht verbrennen.
- In der Zwischenzeit ist das Wasser zum Kochen gekommen, also salze und gib die Nudeln hinein.
- Reibe den Pecorino-Käse in sehr feine Flocken.
- Einen Schöpflöffel Kochwasser zum Guanciale geben und bei mittlerer Hitze kochen, so dass sich eine cremige Masse mit dem Guanciale bildet.
- Wenn die Nudeln gekocht sind, lass sie abtropfen und gib sie mit dem Guanciale in die Pfanne.
- Ein paar Minuten unter Rühren braten, dann die Pfanne vom Herd nehmen und den geriebenen Pecorino-Käse hinzufügen.
- Umrühren und noch einmal schwenken, damit der Pecorino schmilzt und eine cremige Textur entsteht.
- Mit geriebenem Pecorino-Käse bestreuen und servieren.

Penne mit Sahne und Schinken

Schwierigkeitsgrad:	Zubereitung:	Kochzeiten:	Portionen:
leicht	6 min	13 min	2 Personen

Zutaten

- 160 g Penne-Nudeln
- 150 g Sahne
- 13 g Tomatenmark
- 50 g In Scheiben geschnittener Kochschinken
- Natives Olivenöl extra
- Petersilie
- Schwarzer Pfeffer
- Salz

Zubereitung

- Die Petersilie waschen, trocknen und fein hacken.
- Schneide den gekochten Schinken in dünne Streifen.
- Koche einen Topf voll Wasser, salze das Wasser.
- Den Schinken in einer Pfanne mit etwas Öl eine Minute lang anbraten, dann die Sahne hinzufügen.
- Alles gut umrühren und dann das Tomatenmark hinzufügen und 9 Minuten auf kleiner Flamme kochen.
- Wenn das Wasser kocht, tauche die Nudeln ein und koche sie für die auf der Packung angegebene Zeit.
- Sobald die Nudeln gekocht sind, abgießen und zur Sauce geben, mit Salz und Pfeffer abschmecken, alles vermengen und die Petersilie dazugeben.

Nudeln mit Zucchini

Schwierigkeitsgrad:	Zubereitung:	Kochzeiten:	Portionen:
sehr leicht	6 min	14 min	2 Personen

Zutaten

- 160 g Nudeln (jede Art)
- 325 g Zucchini
- 10 g natives Olivenöl extra
- 1 Knoblauchzehe
- Basilikum
- Schwarzer Pfeffer
- Salz

Zubereitung

- Koche einen Topf mit Wasser. Sobald es kocht, salze das Wasser und gib die Nudeln hinein.
- Wasche und trockne die Zucchini, entferne die Enden und reibe sie in große Stücke.
- Reinige eine Knoblauchzehe und erhitze sie mit Öl in einer Pfanne.
- Sobald das Öl heiß ist, fügst du die Zucchini hinzu, würzt sie mit Salz und Pfeffer und brätst sie etwa 5 Minuten lang.
- Wenn die Nudeln fertiggekocht sind, abgießen und in den Saucentopf geben.
- Gut verrühren und mit etwas Basilikum servieren.

Spinatspätzle mit Speck und Sahne

Schwierigkeitsgrad:	Zubereitung:	Kochzeiten:	Portionen:
leicht	14 min	16 min	2 Personen

Zutaten

- 125 g Weizenmehl
- 125 g Spinat
- 50 g Wasser
- 1 großes Ei
- Muskatnuss zum Reiben
- Salz
- 125 g Sahne
- 15 g Butter
- 50 g Speck
- 2 g Schnittlauch
- Natives Olivenöl extra
- Schwarzer Pfeffer
- Salz

Zubereitung

- Wasche den Spinat und koche ihn in einer Pfanne bei mittlerer Hitze, decke ihn mit einem Deckel ab und koche, bis der Spinat zusammengefallen ist.
- Püriere den Spinat in einem Mixer, bis er glatt ist.
- Gib das ganze Ei mit etwas Salz hinzu.
- Rühre alles ein paar Minuten lang um und gib dann das Wasser und etwas Muskatnuss hinzu.
- Gieße das Mehl langsam in die Mischung und rühre ständig, um Klumpen zu vermeiden.
- Schneide den Speck in Scheiben und hacke den Schnittlauch.
- Erhitze Butter und Öl in einer Bratpfanne.
- Sobald er heiß ist, fügst du den Speck hinzu und lässt ihn ein paar Minuten kochen (oder bis er knusprig ist).
- Sahne, Salz, Pfeffer und Schnittlauch hinzugeben und bei mittlerer Hitze cremig kochen.
- Koche nun die Spätzle: Bringe einen Topf mit Salzwasser zum Kochen.
- Wenn das Wasser kocht, nimmst du den Spätzlehobel und schüttest die Mischung hinein, so dass alles ins Wasser fällt.
- Die Spätzle sind in nur wenigen Sekunden gar.
- Sobald die Spätzle an die Oberfläche kommen, lass sie abtropfen und gib sie mit der Sahne und dem Speck in die Pfanne.
- Alles etwa 30 Sekunden lang unter ständigem Rühren vermischen und mit Pfeffer und Salz abschmecken.

Cremige Nudeln mit Paprikageschmack

Schwierigkeitsgrad:	Zubereitung:	Kochzeiten:	Portionen:
leicht	6 min	14 min	2 Personen

Zutaten

- 200 g rote Paprika
- 160 g Penne-Nudeln
- 125 g Auburn-Tomaten
- Natives Olivenöl extra
- Basilikum
- 1 Knoblauchzehe
- Schwarzer Pfeffer
- Salz

Zubereitung

- Koche einen Topf voll Wasser.
- Wasche die Paprikaschoten, schneide den oberen Teil ab und halbiere sie dann, damit du die Kerne im Inneren entfernen kannst. Dann schneide die Paprika in Würfel.
- Schneide die Tomate in große Stücke.
- Brate den Knoblauch in einer Pfanne mit ein wenig Öl etwa 1 Minute lang an.
- Dann Paprika, Tomaten, Salz, Pfeffer und Basilikum hinzufügen. 14 Minuten lang kochen.
- Sobald das Wasser kocht, fügst du Salz und die Nudeln hinzu und kochst sie für die auf der Packung angegebene Zeit.
- Gib den Inhalt des Topfes mit den Tomaten und Paprika in ein hohes Gefäß und püriere ihn mit einem Mixer.
- Sobald sie cremig ist, gieße alles zurück in die zuvor benutzte Pfanne und lasse sie auf sehr kleiner Flamme heiß werden.
- Sobald die Nudeln gekocht sind, lässt du sie abtropfen und gibst sie zur Sauce, vermischst alles gut und servierst es mit etwas Basilikum.

Nudeln mit Zwiebeln und Lachs

Schwierigkeitsgrad:	Zubereitung:	Kochzeiten:	Portionen:
sehr leicht	11 min	21 min	2 Personen

Zutaten

- 200 g Räucherlachs
- 160 g Tagliatelle-Nudeln
- 100 g Sahne
- Natives Olivenöl extra
- Petersilie
- 1/2 Zwiebeln
- Schwarzer Pfeffer

Zubereitung

- Koche einen Topf voll Wasser und salze das Wasser, sobald es kocht.
- Schneide Lachs, Zwiebel und Petersilie klein.
- Brate die Zwiebel 30 Sekunden lang in einer Pfanne mit heißem Öl an, gib dann den Lachs hinzu und dreh die Hitze hoch.
- Brate das Ganze für etwa 2 Minuten.
- Wenn das Wasser kocht, kannst du die Nudeln hineingeben und nach der auf der Packung angegebenen Zeit kochen.
- In der Zwischenzeit gibst du die Sahne in die Pfanne mit dem Lachs (ohne die Hitze zu erhöhen).
- Sobald die Nudeln gekocht sind, lass sie abtropfen und gib sie in den Saucentopf.
- Schalte den Herd ein und rühre gut um, damit sich alle Zutaten verbinden.
- Vor dem Servieren gehackte Petersilie und etwas Pfeffer hinzufügen.

Risotto mit Parmigiana

Schwierigkeitsgrad:	Zubereitung:	Kochzeiten:	Portionen:
leicht	6 min	26 min	2 Personen

Zutaten

- 200 g Carnaroli-Reis
- 50 g Parmesankäse
- 0,5 l Fleischbrühe
- 1 Teelöffel natives Olivenöl extra
- 30 g Zwiebeln
- 30 g Butter
- Salz

Zubereitung

- Die Zwiebel sehr fein hacken.
- Schmelze 20 g Butter in einer Pfanne und gib dann die Zwiebel und einen Teelöffel Öl hinzu.
- Auf kleiner Flamme kochen, bis die Zwiebeln weich werden.
- Nun den Reis hinzugeben und zwei Minuten auf großer Flamme rösten, dann einen Schöpflöffel heiße Fleischbrühe hinzugeben und dabei ständig umrühren.
- Sobald die Brühe eingetrocknet ist, fügst du einen weiteren Schöpflöffel hinzu. Fahre fort, bis der Reis gekocht ist.
- Die letzten 10 g Butter und den geriebenen Parmesan hinzugeben, verrühren und vermischen.

Nudeln mit Ricotta

Schwierigkeitsgrad:	Zubereitung:	Kochzeiten:	Portionen:
sehr leicht	11 min	16 min	2 Personen

Zutaten

- 160 g Nudeln (jede Art)
- 35 g Sahne
- 35 g geriebener Parmesankäse
- 175 g Ricotta
- Thymian
- Schwarzer Pfeffer
- Salz

Zubereitung

- Koche einen Topf mit Wasser. Sobald es kocht, salze das Wasser und gib die Nudeln hinein.
- Passiere den Ricotta durch ein Sieb, um Klumpen zu entfernen und eine glatte Ricotta zu erhalten.
- Gib frische Sahne und geriebenen Parmesan hinzu und mische alles zusammen.
- Dann fügst du die Thymianblätter zusammen mit Salz und Pfeffer hinzu und mischst erneut.
- Wenn die Nudeln gekocht sind, lass sie abtropfen und gib sie in die Ricotta-Sauce, wobei du alles gründlich vermischst.

Nudeln mit Gorgonzola und Oliven

Schwierigkeitsgrad:	Zubereitung:	Kochzeiten:	Portionen:
sehr leicht	16 min	11 min	2 Personen

Zutaten

- 160 g Rigatoni-Nudeln
- 60 g Sahne
- 90 g Gorgonzola
- 20Schwarze Oliven (ohne Stein)
- Schwarzer Pfeffer
- Salz

Zubereitung

- Die Oliven mit einem Mixer pürieren.
- Koche einen Topf mit Wasser. Sobald es kocht, salze das Wasser und gib die Nudeln hinein.
- Schneide in der Zwischenzeit den Gorgonzola in Würfel und gib ihn zusammen mit der Sahne in einen Topf.
- Bei niedriger Hitze schmelzen lassen, dabei häufig umrühren, um das Schmelzen zu fördern.
- Lass die Nudeln 1 Minute vor der auf der Packung angegebenen Zeit abtropfen. Sobald er abgetropft ist, gibst du ihn zusammen mit dem Gorgonzola in die Pfanne und lässt ihn dort fertig kochen, während du alles weiter umrührst und vermischst.
- Nach einer Minute gibst du die pürierten Oliven in die Pfanne und rührst erneut um.

Nudeln mit Thunfisch

Schwierigkeitsgrad:	Zubereitung:	Kochzeiten:	Portionen:
leicht	11 min	16 min	2 Personen

Zutaten

- 160 g Nudeln (jede Art)
- 200 g passierte Tomaten
- 125 g Thunfisch in Öl
- 20 g natives Olivenöl extra
- 7 g Sardellen in Öl
- 1 Zweig Petersilie zum Hacken
- 1 frische Chili
- 1 Knoblauchzehe
- Salz

Zubereitung

- Koche einen Topf mit Wasser. Sobald es kocht, salze das Wasser und gib die Nudeln hinein.
- Lass den Knoblauch 15 Sekunden lang in einer Pfanne mit etwas Öl kochen. Dann entferne sie.
- Die Sardellenfilets und ein wenig Wasser von der Nudelkochzeit hinzugeben und die Filets auflösen lassen.
- Schneide dann den Chili in dünne Scheiben und gib ihn in die Pfanne. Lass den Thunfisch aus dem Öl abtropfen und gib ihn in die Pfanne.
- Gib mehr Kochwasser und passierte Tomaten hinzu und lass es 10 Minuten lang kochen.
- Sobald die Nudeln gekocht sind, lass sie abtropfen und gib sie in den Saucentopf.
- Umrühren, um alles zu vermischen, Salz, Pfeffer und gehackte Petersilie hinzufügen.

Nudeln mit Gorgonzola und Walnüssen

Schwierigkeitsgrad:	Zubereitung:	Kochzeiten:	Portionen:
sehr leicht	11 min	16 min	2 Personen

Zutaten

- 175 g Gorgonzola
- 160 g Nudeln (jede Art)
- 75 g Sahne
- 50 g Walnüsse
- Schwarzer Pfeffer
- Thymian
- Salz

Zubereitung

- Koche einen Topf mit Wasser. Sobald es kocht, salze das Wasser und gib die Nudeln hinein.
- Erhitze die Sahne auf kleiner Flamme, schneide den Gorgonzola in Würfel und gib ihn mit der Sahne in die Pfanne.
- Pfeffer und etwas Thymian hinzugeben und ein paar Minuten auf kleiner Flamme kochen.
- Hacke das Innere der Nüsse.
- Sobald die Nudeln gekocht sind, lässt du sie abtropfen und gibst sie in die Pfanne mit der Sauce.
- Mische alles gut durch und gib dann die gehackten Walnüsse dazu, rühre noch einmal um und schon ist das Gericht servierfertig.

Nudeln mit Zucchini und Eiern

Schwierigkeitsgrad:	Zubereitung:	Kochzeiten:	Portionen:
sehr leicht	11 min	16 min	2 Personen

Zutaten

- 160 g Nudeln (jede Art)
- 100 g Zucchini
- 2 Eigelb
- 50 g Pecorino-Käse (gerieben)
- Natives Olivenöl extra
- Salz
- Schwarzer Pfeffer

Zubereitung

- Wasche die Zucchini und schneide die Enden ab, dann schneide sie in Stifte und würfle sie.
- Koche einen Topf mit Wasser. Sobald es kocht, salze das Wasser und gib die Nudeln hinein.
- Erhitze das Öl in einer Pfanne. Sobald es heiß ist, gibst du die Zucchini hinzu und brätst sie 7 Minuten bei starker Hitze, damit sie knusprig werden.
- Mische die Eigelbe mit dem Schafskäse in einer separaten Schüssel und füge ein wenig Kochwasser hinzu, damit eine cremige Masse entsteht.
- Sobald die Nudeln gekocht sind, lässt du sie abtropfen und gibst sie zusammen mit den Zucchini in die Pfanne. Dann fügst du bei ausgeschalteter Hitze die Eigelb-Käse-Mischung hinzu.
- Mische alles zusammen und serviere es mit dem Pecorino-Käse bestreut.

Nudeln mit rotem Pesto

Schwierigkeitsgrad:	Zubereitung:	Kochzeiten:	Portionen:
sehr leicht	16 min	11 min	2 Personen

Zutaten

- 160 g Rigatoni-Nudeln
- 10 g geschälte Mandeln
- 15 g Pinienkerne
- 200 g getrocknete Tomaten in Öl
- 5 Blätter Basilikum

Zubereitung

- In einen Mixer geben: sonnengetrocknete Tomaten (ohne das Öl abzutropfen), Pinienkerne, geschälte Mandeln und Basilikumblätter. Püriere alles, bis eine körnige Mischung entsteht.
- Koche einen Topf mit Wasser. Sobald es kocht, salze das Wasser und gib die Nudeln hinein.
- Etwa 130 ml des Kochwassers beiseitestellen.
- Lass die Nudeln zwei Minuten vor der auf der Packung angegebenen Zeit abtropfen. Gib die Körnermischung in den Topf, in dem das Wasser gekocht hat.
- Gib die 130 ml Kochwasser hinzu, um eine leckere Creme zu erhalten.
- Gut mischen und die Nudeln in den Topf geben.
- Rühre 2 Minuten lang bei niedriger Hitze weiter, damit du die Nudeln fertigkochen kannst.

Lachsrisotto

Schwierigkeitsgrad:	Zubereitung:	Kochzeiten:	Portionen:
leicht	16 min	16 min	2 Personen

Zutaten

- 175 g Carnaroli-Reis
- 250 ml Fischfond
- 125 g Lachsfilet
- Natives Olivenöl extra
- 10 g Grana Padano
- 1 Lauch
- 1 Knoblauchzehe
- Schwarzer Pfeffer
- Salz
- 40 g Butter
- 1 Zweig Thymian
- 1 Zweig Dill
- 1 Büschel Majoran
- Schale einer halben Zitrone
- Salz

Zubereitung

- Die Kräuter (Thymian, Dill, Majoran) hacken und die Zitronenschale abreiben.
- Die Butter bei Zimmertemperatur schmelzen, bis sie cremig ist, dann die Gewürze, die Zitronenschale und das Salz hinzufügen.
- Säubere den Lachs und schneide ihn in kleine Stücke.
- Koche den Lachs ein paar Minuten lang mit einer Knoblauchzehe in einer Pfanne mit einem Esslöffel Öl, würze ihn und entferne den Knoblauch am Ende der 2 Minuten.
- Schneide den Lauch fein und koche ihn auf kleiner Flamme in einer Pfanne mit zwei Esslöffeln Öl, bis er eingeht.
- Röste den Reis auf großer Flamme in der Pfanne und rühre dabei ständig um.
- Wenn der Lachs gar ist, fügst du die Lachswürfel, Salz, Kräuterbutter und etwas Grana-Padano-Käse hinzu.

Knusprige Spaghetti mit Sardellen

Schwierigkeitsgrad:	Zubereitung:	Kochzeiten:	Portionen:
sehr leicht	6 min	26 min	2 Personen

Zutaten

- 160 g Spaghetti
- 15 g Sardellen in Öl
- 10 g natives Olivenöl extra
- 35 g Semmelbrösel
- 2 Knoblauchzehen

Zubereitung

- Koche einen Topf voll Wasser.
- Sobald das Wasser kocht, tauche die Nudeln ein.
- Löse die Sardellen (nachdem du sie aus dem Öl abgetropft hast) in einer Pfanne mit 5 g Öl, den zwei ganzen Knoblauchzehen und ein wenig Kochwasser auf.
- Rühre etwa 10 Minuten lang ständig um.
- Gib in eine andere Pfanne weitere 5 g Öl und füge die Semmelbrösel hinzu und brate sie, bis sie goldbraun sind.
- Koche die Spaghetti nur 1 Minute kürzer als auf der Packung angegeben. Nimm dann den Knoblauch aus der Pfanne, lass die Nudeln abtropfen und gib sie in die Pfanne.
- Koche die Nudeln in der Pfanne zu Ende, rühre dann eine großzügige Minute lang um und mische alles zusammen.
- Wenn sie gar sind, schalte die Hitze aus, gib den Großteil der Semmelbrösel hinzu und rühre erneut um.
- Zum Schluss mit den Semmelbröseln bestreuen und servieren.

Nudeln mit Zitrone und Thunfisch

Schwierigkeitsgrad:	Zubereitung:	Kochzeiten:	Portionen:
sehr leicht	16 min	16 min	2 Personen

Zutaten

- 160 g Nudeln (jede Art)
- 160 g Thunfisch in Öl
- 15 g Schalotte
- 13 g Zitronensaft
- 1 frischer Chili
- Schale einer Zitrone
- Natives Olivenöl extra
- Schwarzer Pfeffer
- Salz

Zubereitung

- Das Öl vom Thunfisch abgießen.
- Koche einen Topf mit Wasser. Sobald es kocht, salze das Wasser und gib die Nudeln hinein.
- Wasche die Zitrone, trockne sie ab und reibe die Schale ab.
- Schneide sie nun in zwei Hälften und presse sie aus. Du erhältst etwa 25 g Saft.
- Schneide die Schalotte in dünne Scheiben und lass sie bei niedriger Hitze in einer Pfanne mit Öl anschwitzen.
- Gib ein wenig Kochwasser hinzu und koche etwa 6 Minuten.
- Schneide den Chili in Scheiben, entferne die Kerne und gib ihn in die Pfanne.
- Füge auch die Zitronenschale und mehr Kochwasser hinzu.
- Den abgetropften Thunfisch und den Zitronensaft dazugeben, die Hitze erhöhen und 2 Minuten kochen, dann die Temperatur senken.
- Sobald die Nudeln gekocht sind, lass sie abtropfen und gib sie in die Pfanne. Mische alles gut miteinander.

Nudeln mit Radicchio und Speck

Schwierigkeitsgrad:	Zubereitung:	Kochzeiten:	Portionen:
sehr leicht	11 min	21 min	2 Personen

Zutaten

- 160 g Nudeln (jede Art)
- 50 g Sahne
- 90 g Speck
- 200 g Radicchio
- 15 g Schalotte
- 13 g natives Olivenöl extra
- 25 g Tomatenmark
- Schwarzer Pfeffer
- Salz

Zubereitung

- Die Schalotte fein hacken.
- Schneide den Speck in gleich große Stangen.
- Reinige den Radicchio und entferne die äußeren Blätter.
- Halbiere sie der Länge nach, entferne den Strunk und schneide alles in dünne Streifen.
- Koche die Schalotten auf kleiner Flamme 5 Minuten lang in einer Pfanne mit Öl.
- Dann den Speck hinzufügen und weitere 4 Minuten kochen.
- Dann die flüssige Sahne und das Tomatenmark hinzufügen. Salz und Pfeffer hinzufügen und weitere 6 Minuten kochen.
- In der Zwischenzeit kochst du die Nudeln in einem Topf mit Salzwasser. 2 Minuten vor der auf der Packung angegebenen Zeit lässt du die Nudeln ab.
- In der Pfanne mit den Gewürzen fertig kochen.
- Dann 2 Minuten vorher abtropfen lassen und die Nudeln unter Rühren 2 Minuten lang in die Sauce geben.
- Wenn er gekocht ist, füge den Radicchio hinzu und mische alles noch einmal.

Spaghetti mit Spinat und Ricotta

Schwierigkeitsgrad:	Zubereitung:	Kochzeiten:	Portionen:
sehr leicht	11 min	16 min	2 Personen

Zutaten

- 160 g Spaghetti
- 150 g Kuhmilch-Ricotta
- 1 Prise Muskatnuss
- 10 g natives Olivenöl extra
- 200 g Spinat
- 50 g Grana Padano
- 1 Knoblauchzehe
- Schwarzer Pfeffer
- Salz

Zubereitung

- Bringe Wasser zum Kochen, salze es und gib die Spaghetti zum Kochen hinzu.
- Wasche und trockne den Spinat.
- Brate die Knoblauchzehe 1 Minute lang in einer Pfanne mit Olivenöl.
- Dann den Spinat in die Pfanne geben und mit einem Deckel abdecken und 3 Minuten kochen.
- Entferne die Knoblauchzehe und gib den Spinat in einen Behälter und püriere ihn mit einem Mixer.
- Du solltest eine homogene Creme erhalten.
- Erhitze einen Topf auf kleiner Flamme, gib den Rahmspinat und den Ricotta-Käse hinzu und rühre alles gut um, wenn nötig, gib noch etwas Kochwasser hinzu.
- Etwa 5 Minuten auf kleiner Flamme kochen, dann salzen und pfeffern.
- Sobald die Nudeln gekocht sind, lässt du sie abtropfen und gibst sie in den Topf mit der Sauce.
- Gib etwas mehr Kochwasser hinzu, rühre gut um und lass die Sauce mit den Nudeln vermischen.

Fettuccine mit Trüffeln

Schwierigkeitsgrad:	Zubereitung:	Kochzeiten:	Portionen:
leicht	15 min	15 min	4 Personen

Zutaten

- 125 g Fettuccine
- 25 g natives Olivenöl extra
- 20 g Butter
- 40 g Schwarzer Trüffel
- 1 Knoblauchzehe
- Salz

Zubereitung

- Wasche die Trüffel vorsichtig mit kaltem Wasser, um die Erde zu entfernen, reinige sie dann mit einer Bürste, spüle sie ab und trockne sie.
- Schneide die Trüffel in sehr dünne Scheiben.
- Erhitze Öl und Butter in einer Bratpfanne auf kleiner Flamme.
- Reinige die Knoblauchzehe und gib sie für ein paar Minuten in die Pfanne mit Öl und Butter.
- Dann nimmst du sie heraus, schaltest die Flamme aus und gibst die Trüffel dazu. (Lass vor dem Servieren ein paar Scheiben zur Dekoration übrig.)
- Rühre den Inhalt der Pfanne bei ausgeschalteter Hitze um.
- In der Zwischenzeit bringst du einen Topf mit Wasser zum Kochen. Sobald es kocht, gibst du das Wasser hinzu und tauchst die Fettuccine ein.
- Lass die Fettuccine abtropfen und gib sie in den Saucentopf, rühre gründlich um, damit sich alles vermischt.
- Serviere die Dekoration mit den Scheiben, die von den vorherigen Schritten übriggeblieben sind.

Nudeln mit Gorgonzola

Schwierigkeitsgrad:	Zubereitung:	Kochzeiten:	Portionen:
sehr leicht	11 min	21 min	2 Personen

Zutaten

- 160 g Penne-Nudeln
- 75 g Sahne
- 175 g Gorgonzola
- Schwarzer Pfeffer
- Salz

Zubereitung

- Schneide den Gorgonzola in Würfel und gib sie mit der flüssigen Sahne in einen Topf.
- Mit etwas Pfeffer würzen und den Käse auf kleiner Flamme etwa 10 Minuten lang schmelzen lassen.
- Koche einen Topf mit Wasser. Sobald es kocht, salze das Wasser und gib die Nudeln hinein.
- Wenn die Nudeln gar sind, lass sie abtropfen und gib sie in den Saucentopf.
- Halte den Herd auf niedriger Hitze, während du rührst, um alles zu vermischen. Nach etwa einer Minute kannst du die Nudeln mit Gorgonzola servieren.

Champagner-Risotto

Schwierigkeitsgrad:	Zubereitung:	Kochzeiten:	Portionen:
sehr leicht	6 min	21 min	2 Personen

Zutaten

- 175 g Carnaroli-Reis
- 250 ml Champagner
- 250 ml Gemüsebrühe
- 50 g Parmesankäse
- 25 g Butter
- 1 kleine Zwiebel

Zubereitung

- Die Zwiebel fein hacken.
- Gib 15 g Butter in eine Pfanne und füge die Zwiebel hinzu, erhitze sie, bis sie gebräunt ist.
- Gib den Reis in die Pfanne und röste ihn auf großer Flamme 5 Sekunden lang.
- Gieße nun den Champagner in die Pfanne und rühre dabei ständig um, damit der Reis nicht an der Pfanne kleben bleibt.
- Gib etwas Gemüsebrühe hinzu, um den Reis fertig zu kochen.
- Wenn er gar ist (oder ein paar Sekunden vorher), schalte den Herd aus und schmelze die restlichen 10 g Butter in der Pfanne, rühre noch einmal um, um alles zu vermischen.

Nudeln vom Bauern

Schwierigkeitsgrad:	Zubereitung:	Kochzeiten:	Portionen:
sehr leicht	16 min	9 min	3 Personen

Zutaten

- 250 g Spaghetti
- 100 g Pecorino-Käse
- Natives Olivenöl extra
- 1 Knoblauchzehe
- 1 frischer Chili
- 1 Zweig Petersilie
- Salz

Zubereitung

- Bringe einen Topf mit Wasser zum Kochen, füge Salz hinzu und tauche die Nudeln ein.
- Hacke sowohl den frischen Chili als auch die Petersilie.
- Schäle und hacke den Knoblauch und reibe den Pecorino-Käse.
- Nimm eine Schüssel und gib hinein: Knoblauch, gehackter Chili, Olivenöl und Salz.
- Mische den Inhalt gut durch.
- Wenn die Nudeln gar sind, lass sie abtropfen und gib sie in die Schüssel mit der Sauce.
- Umrühren und mit geriebenem Schafskäse bestreut servieren.

Curry-Reis

Schwierigkeitsgrad:	Zubereitung:	Kochzeiten:	Portionen:
leicht	11 min	21 min	2 Personen

Zutaten

- 160 g Basmati-Reis
- 175 ml Wasser
- 90 g Erbsen
- 110 g Lauch
- 2 kleine frische Chilischoten
- 3 g Curry
- Natives Olivenöl extra
- Salz

Zubereitung

- Wasche den Reis und gib ihn dann in einen Topf mit Salz und Wasser.
- Mit einem Deckel abdecken und das Wasser zum Kochen bringen.
- Sobald es aufkocht, reduziere die Hitze auf niedrig und koche weitere 7 Minuten.
- In der Zwischenzeit die Chilischoten hacken und den Lauch in Scheiben schneiden.
- Nach 7 Minuten ist der Reis gar, nimm ihn vom Herd und lass ihn 11 Minuten lang ruhen.
- Nimm eine Pfanne und gib Öl, Lauch und die Chilischote hinein und lass sie bei milder Hitze etwa 5 Minuten kochen.
- Dann fügst du den Curry und die Erbsen hinzu und rührst bei mittlerer Hitze etwa 3 Minuten lang gründlich um, wobei du bei Bedarf Salz hinzufügst.
- Gib den Reis in die Pfanne und rühre ihn auf kleiner Flamme ein paar Minuten lang um.

Nudeln mit Kirschtomaten und Frischkäse

Schwierigkeitsgrad:	Zubereitung:	Kochzeiten:	Portionen:
sehr leicht	11 min	16 min	2 Personen

Zutaten

- 160 g Nudeln (jede Art)
- 120 g Frischkäse
- 150 g Kirschtomaten
- 2 Esslöffel natives Olivenöl extra
- 1 Teelöffel brauner Zucker
- Oregano
- 1 Knoblauchzehe
- Schwarzer Pfeffer
- Salz

Zubereitung

- Koche einen Topf mit Wasser. Sobald es kocht, salze das Wasser und gib die Nudeln hinein.
- Gib zwei Drittel des Käses in eine Rührschüssel, füge Salz, Pfeffer, frischen Oregano und 2 Teelöffel Olivenöl zum Käse hinzu.
- Wasche und trockne die Hälfte der Kirschtomaten und gib sie in die Schüssel.
- Verrühre den gesamten Inhalt, bis eine homogene Creme entstanden ist.
- Schneide die restlichen Kirschtomaten in zwei Hälften.
- Erhitze eine Bratpfanne mit Olivenöl und der geschälten Knoblauchzehe.
- 30 Sekunden ziehen lassen, dann den braunen Zucker und die halbierten Kirschtomaten dazugeben und 2 Minuten auf großer Flamme kochen lassen, dann den Knoblauch aus der Pfanne nehmen.
- Wenn die Nudeln gar sind, abgießen, in den Saucentopf geben und die Schlagsahne hinzufügen.
- Unter Rühren auf kleiner Flamme würzen lassen und frische Oreganoblätter hinzufügen.

Nudeln mit Wurst

Schwierigkeitsgrad:	Zubereitung:	Kochzeiten:	Portionen:
sehr leicht	6 min	16 min	2 Personen

Zutaten

- 160 g Penne-Nudeln
- 125 g Sahne
- 125 g Wurst
- 30 g Parmesankäse
- Schwarzer Pfeffer
- Salz

Zubereitung

- Koche einen Topf mit Wasser. Sobald es kocht, salze das Wasser und gib die Nudeln hinein.
- Entferne die Haut von der Wurst und schneide sie in 1/2 cm große Stücke.
- Brate die Häppchen in einer Pfanne, bis sie goldbraun und fast knusprig sind.
- Die Sahne dazugeben, pfeffern und salzen und 10 Minuten kochen lassen.
- Wenn die Nudeln gar sind, lässt du sie abtropfen und gibst sie in die Pfanne mit der Sauce, wobei du gründlich umrührst, um alle Aromen miteinander zu vermischen.
- Schalte die Flamme aus und gib den geriebenen Parmesankäse hinzu.
- Nochmals mit Salz und Pfeffer abschmecken.

Berg-Risotto

Schwierigkeitsgrad:	Zubereitung:	Kochzeiten:	Portionen:
leicht	11 min	21 min	2 Personen

Zutaten

- 160 g Carnaroli-Reis
- 0,5 l Gemüsebrühe
- 50 g Ricotta
- 75 g Speck
- 15 g Butter
- 1 Esslöffel gehackte Petersilie
- 1 kleine Zwiebel
- Schwarzer Pfeffer
- Salz

Zubereitung

- Die Zwiebel und die Petersilie fein hacken.
- Schneide den Speck in kleine Würfel.
- Schmelze die Butter in einer Pfanne, gib die Zwiebel dazu und koche sie 10 Minuten lang.
- Gib dann die Speckwürfel dazu und mische die Zutaten gut durch.
- Gib den Reis in die Pfanne und koche ihn, bis er durchsichtig ist. Dann gibst du von Zeit zu Zeit das Gemüsebrühe hinzu, bis es aufgesogen ist.
- Sobald der Reis gekocht ist, fügst du den Ricotta hinzu und lässt ihn zusammen mit den anderen Zutaten schmelzen.
- Mit gehackter Petersilie servieren.

Neapolitanische Nudeln

Schwierigkeitsgrad:	Zubereitung:	Kochzeiten:	Portionen:
leicht	6 min	21 min	2 Personen

Zutaten

- 160 g Spaghetti
- 200 g geschälte Tomaten
- 50 g Mozzarella
- 20 g entsteinte schwarze Oliven
- 10 g gesalzene Kapern
- 35 g rote Zwiebeln
- 3 g frischer Chili
- Natives Olivenöl extra
- Frischer Oregano
- Salz

Zubereitung

- Säubere die rote Zwiebel und schneide sie in dünne Scheiben, schneide den Chili und die Oliven auf die gleiche Weise.
- Lass den Mozzarella abtropfen und schneide ihn in kleine Stücke.
- Koche einen Topf mit Wasser. Sobald es kocht, salze das Wasser und gib die Nudeln hinein.
- Zwiebel und Chili in eine Pfanne mit Olivenöl geben.
- Bei mittlerer Hitze kochen, bis die Zwiebel goldbraun ist, bei Bedarf zwei Esslöffel Kochwasser hinzufügen.
- Gib die Tomaten in die Pfanne und zerdrücke sie mit einem Holzlöffel.
- Oliven, Kapern und Salz hinzufügen.
- Koche auf kleiner Flamme.
- Nach 12 Minuten die Mozzarella-Stücke und den Oregano hinzufügen.
- Sobald die Nudeln gekocht sind, lässt du sie abtropfen und gibst sie in die Pfanne mit der Sauce, rührst um und vermischt alle Zutaten gut.

Nudeln mit Erbsen und Thunfisch

Schwierigkeitsgrad:	Zubereitung:	Kochzeiten:	Portionen:
leicht	6 min	21 min	2 Personen

Zutaten

- 160 g Spaghetti
- 90 g kleine Tomaten
- 85 g Erbsen
- 65 g abgetropfter Thunfisch in Öl
- 1 Knoblauchzehe
- Natives Olivenöl extra
- Basilikum
- Schwarzer Pfeffer
- Salz

Zubereitung

- Koche einen Topf mit Wasser. Sobald es kocht, salze das Wasser und gib die Nudeln hinein.
- Wasche und halbiere die Kirschtomaten.
- Erhitze eine Pfanne mit Öl und brate den geschälten Knoblauch 15 Sekunden lang.
- Die Kirschtomaten dazugeben und wenn sie anfangen, ihren Saft abzugeben, die Erbsen hinzufügen und 4 bis 5 Minuten kochen.
- Gib das Basilikum hinzu und koche die Sauce bei mittlerer Hitze weitere 4 bis 5 Minuten.
- Nimm den Knoblauch aus der Sauce, gib den abgetropften Thunfisch dazu und lass die Sauce noch ein paar Minuten kochen. (Wenn es zu trocken ist, füge mehr Kochwasser hinzu.)
- Lass die Nudeln 2 Minuten vor Ende der Kochzeit abtropfen und gib sie in den Saucentopf.
- Salze und pfeffere die Mischung und rühre ein paar Minuten lang um.

Nudeln mit Rahm-Brokkoli

Schwierigkeitsgrad:	Zubereitung:	Kochzeiten:	Portionen:
sehr leicht	16 min	16 min	2 Personen

Zutaten

- 160 g Nudeln (jede Art)
- Salz
- 160 g Brokkoli
- 35 g natives Olivenöl extra
- 15 g Grana Padano
- 15 g Pinienkerne
- 5 g Basilikum
- 5 g geschälte Mandeln
- Salz

Zubereitung

- Wasche den Brokkoli und trenne die Röschen heraus.
- Koche einen Topf voll Wasser, tauche die Röschen 5 Minuten lang ein, lass sie dann abtropfen und in einer Schüssel mit kaltem Wasser abkühlen.
- Sobald sie abgekühlt sind, trocknen und zusammen mit geschälten Mandeln, geriebenem Grana-Padano-Käse, Basilikumblättern, Pinienkernen, Salz und 18 g nativem Olivenöl in einen Mixer geben.
- Die Zutaten ein paar Sekunden lang mixen, dann das restliche Öl hinzufügen und erneut mixen.
- Du solltest eine homogene Creme erhalten, wenn sie zu trocken ist, füge mehr Öl hinzu.
- Koche einen Topf mit Wasser. Sobald es kocht, salze das Wasser und gib die Nudeln hinein.
- Gib die Brokkolicreme zusammen mit einer Kelle Kochwasser in einen Topf und erhitze sie leicht auf kleiner Flamme.
- Wenn die Nudeln gar sind, lass sie abtropfen und gib sie in die Pfanne mit der Sauce, wobei du die Flamme niedrig hältst und etwa eine Minute lang rührst.

Nudeln mit Semmelbröseln

Schwierigkeitsgrad:	Zubereitung:	Kochzeiten:	Portionen:
leicht	11 min	11 min	2 Personen

Zutaten

- 160 g Spaghetti
- 50 g Semmelbrösel
- 50 ml natives Olivenöl extra
- 2 Gesalzene Sardellenfilets
- 1 scharfe Chilischote
- 1 Zweig Petersilie
- 1 Knoblauchzehe
- Salz

Zubereitung

- Verwende einen Mixer, um die Semmelbrösel fein zu hacken.
- Hacke die Petersilie und den Chili mit einem Messer (entferne die inneren Kerne).
- Koche einen Topf mit Wasser. Sobald es kocht, salze das Wasser und gib die Nudeln hinein.
- Erhitze 25 ml Öl in einer Pfanne bei schwacher Hitze mit einer halben Knoblauchzehe.
- Nach 30/40 Sekunden die Semmelbrösel hinzugeben und ständig umrühren, um ein Anbrennen zu vermeiden. Auf mittlerer Flamme ca. 6 Minuten lang weitermachen.
- Erhitze eine weitere Pfanne mit den restlichen 25 ml Öl, gib den Chili und die andere Hälfte der Knoblauchzehe dazu.
- Nimm das Öl von den Sardellenfilets und gib sie in die Pfanne, um sie bei mittlerer Hitze zu schmelzen.
- Die Sardellenfilets aus dem Einmachöl abtropfen lassen und in die Pfanne geben, dann bei mittlerer Hitze schmelzen.
- Sobald die Spaghetti gekocht sind, lass sie abtropfen und gib sie zusammen mit den Sardellenfilets in die Pfanne.
- Mische die Nudeln mit der Sauce und gib dann die gerösteten Semmelbrösel und die gehackte Petersilie dazu.

Nudeln mit Sahne und Zwiebeln

Schwierigkeitsgrad:	Zubereitung:	Kochzeiten:	Portionen:
leicht	11 min	19 min	2 Personen

Zutaten

- 160 g Penne-Nudeln
- 75 ml Sahne
- 200 ml passierte Tomaten
- 40 g gewürfelter Speck
- 1 rote Zwiebel
- 1 Esslöffel natives Olivenöl extra
- Basilikum
- Salz

Zubereitung

- Schneide die Zwiebel in feine Scheiben.
- Erhitze eine Pfanne mit einem Esslöffel Olivenöl und gib den Speck und die Zwiebel hinein, brate sie auf großer Flamme für 3 Minuten.
- Gib die passierten Tomaten und das Salz hinzu, mische die Zutaten und koche sie fünfzehn Minuten lang bei mittlerer Hitze.
- Koche einen Topf mit Wasser. Sobald es kocht, salze das Wasser und gib die Nudeln hinein.
- Gib die Sahne in den Saucentopf und rühre um, um alles zu vermischen.
- Sobald die Nudeln gekocht sind, lässt du sie abtropfen und gibst sie in den Saucentopf. Gründlich umrühren.
- Mit Basilikumblättern servieren.

Limettennudeln

Schwierigkeitsgrad:	Zubereitung:	Kochzeiten:	Portionen:
sehr leicht	11 min	16 min	2 Personen

Zutaten

- 160 g Nudeln
- 125 g Mascarpone
- 30 g Grana Padano
- 1 Limette
- Rosa Pfeffer

Zubereitung

- Koche einen Topf mit Wasser. Sobald es kocht, salze das Wasser und gib die Nudeln hinein.
- Gib die Mascarpone in eine Pfanne und würze sie mit Salz und Pfeffer (du brauchst die Hitze nicht einzuschalten).
- Wasche die Limette und presse ihren Saft in die Mascarponeschale. Rühren.
- Wenn die Nudeln gar sind, lass sie abtropfen und gib sie in den Saucentopf (heb etwas Kochwasser auf).
- Einen Schöpflöffel des Kochwassers dazugeben und ununterbrochen rühren. Die Mascarpone wird durch die Hitze des Wassers schmelzen und eine Creme bilden.
- Füge rosa Pfeffer und fein geriebene Limettenschale hinzu. Nochmals umrühren.
- Mit geriebenem Grana-Padano-Käse bestreut servieren.

Gnocchi mit Erbsencreme

Schwierigkeitsgrad:	Zubereitung:	Kochzeiten:	Portionen:
leicht	11 min	21 min	2 Personen

Zutaten

- 200 g Gnocchi
- 250 g Erbsen
- 15 g Pecorino-Käse
- 10 g Grana Padano
- 15 g Schalotte
- 15 g Butter
- Gemüsebrühe
- Muskatnuss
- Salz

Zubereitung

- Die Schalotte fein hacken und ein paar Minuten in einer Pfanne mit Butter dünsten.
- Dann fügst du die Erbsen hinzu und kochst sie für 15 Minuten (oder bis sie weich sind).
- Falls nötig, füge Gemüsebrühe hinzu.
- Sobald sie gekocht sind, gibst du die Erbsen in einen Mixer und pürierst sie, bis sie eine samtige Creme ergeben.
- Die Sahne in einen anderen Topf umfüllen, Muskatnuss, weißen Pfeffer, Schafskäse und Grana-Padano-Käse hinzufügen und gründlich verrühren.
- Koche einen Topf mit Wasser. Sobald es kocht, salze das Wasser und gib die Gnocchi hinein.
- Sobald die Gnocchi gekocht sind, lass sie abtropfen und gib sie in die Saucenpfanne, wobei du schnell rührst, um alles zu vermischen.

Kalte Pasta mit Kirschtomaten und Ricotta-Käse

Schwierigkeitsgrad:	Zubereitung:	Kochzeiten:	Portionen:
leicht	16 min	16 min	2 Personen

Zutaten

- 160 g Nudeln (jede Art)
- 225 g Kirschtomaten
- 110 g Tomaten
- 100 g gereifter Käse
- 100 g Büffel-Ricotta
- 25 g entsteinte Oliven
- 15 g natives Olivenöl extra
- 8 g Basilikum
- 1 Esslöffel Parmesankäse
- Schwarzer Pfeffer
- Salz

Zubereitung

- Koche einen Topf mit Wasser. Sobald es kocht, salze das Wasser und gib die Nudeln hinein.
- Püriere in einem Mixer: Kirschtomaten, Basilikum, Parmesan, Basilikum, Öl, Salz und Pfeffer.
- Du solltest eine homogene Creme erhalten.
- Gieße die Sahne in eine große Schüssel, sie wird dann zum Anrichten der Nudeln verwendet.
- Schneide den gereiften Käse in kleine Würfel.
- Wasche nun die Tomaten und schneide sie in Würfel.
- Sobald die Nudeln gekocht sind, lass sie abtropfen und kühle sie unter kaltem Wasser ab.
- Gib die Nudeln dann in die Schüssel mit der Sauce.
- Gib den gereiften Käse und die Oliven in die Schüssel.
- Mische alles zusammen.

Spaghetti mit Sardellen, sonnengetrockneten Tomaten und knusprigen Semmelbröseln

Schwierigkeitsgrad:	Zubereitung:	Kochzeiten:	Portionen:
sehr leicht	16 min	11 min	2 Personen

Zutaten

- 160 g Spaghetti
- 40 g getrocknete Tomaten
- 15 g Sardellen in Öl
- 3 Esslöffel natives Olivenöl extra
- 1 frischer Chili
- 1 Knoblauchzehe
- Semmelbrösel
- Salz

Zubereitung

- Koche einen Topf mit Wasser und gib die Spaghetti hinein.
- Weiche die sonnengetrockneten Tomaten 15 Minuten lang in einer Schüssel mit sehr heißem Wasser ein.
- Die Sardellen aus dem Öl abtropfen lassen und fein hacken, die Chilischote (Kerne entfernen) und die Knoblauchzehe ebenfalls hacken.
- Erhitze eineinhalb Esslöffel Olivenöl in einer Pfanne und gib Sardellen, Knoblauch und Chili auf kleiner Flamme dazu.
- Nach 15 Minuten die Tomaten abtropfen lassen und abtrocknen.
- Schneide sie in dünne Streifen und gib sie in den Saucentopf.
- In einer anderen Pfanne noch eineinhalb Esslöffel Olivenöl erhitzen und die Semmelbrösel knusprig braten.
- Wenn die Spaghetti gar sind, lass sie abtropfen und gib sie in den Saucentopf.
- Mische gründlich.
- Mit knusprigen Semmelbröseln bestreut servieren.

Linguine mit Pesto

Schwierigkeitsgrad:	Zubereitung:	Kochzeiten:	Portionen:
leicht	11 min	11 min	2 Personen

Zutaten

- 160 g Linguine-Nudeln
- 50 g natives Olivenöl extra
- 35 g Parmesankäse
- 15 g Pecorino-Käse
- 25 g Basilikum
- 8 g Pinienkerne
- ½ Knoblauchzehe
- Grobes Salz
- Basilikum

Zubereitung

- Gib den geschälten Knoblauch und das grobe Salz in einen Mixer. Pürieren, bis es cremig ist.
- Gib die Basilikumblätter hinzu und mixe sie erneut.
- Dann die Pinienkerne, den Parmesan und den Schafskäse hinzufügen. Verrühre alle Zutaten miteinander und gib dann nach und nach das native Olivenöl hinzu.
- Das Endergebnis sollte eine homogene Creme sein.
- Koche einen Topf mit Wasser. Sobald es kocht, salze das Wasser und gib die Nudeln hinein.
- Gieße das Pesto in eine Pfanne und gib ein paar Esslöffel Kochwasser dazu (lass die Flamme aus).
- Umrühren, damit sich das Wasser mit der Pesto-Creme verbindet.
- Wenn sie gekocht ist, die Nudeln abgießen und in die Pesto-Pfanne geben, alles gut vermischen und mit ein paar Basilikumblättern garniert servieren.

Spaghetti Carbonara (Version mit Fisch)

Schwierigkeitsgrad:	Zubereitung:	Kochzeiten:	Portionen:
leicht	11 min	16 min	2 Personen

Zutaten

- 160 g Spaghetti
- 150 g Lachsfilet
- 30 g Pecorino-Käse
- 2 Eigelb (von kleinen Eiern)
- 1 Ei (klein)
- Natives Olivenöl extra
- 1 Knoblauchzehe
- Schwarzer Pfeffer
- Salz

Zubereitung

- Koche einen Topf mit Wasser. Sobald es kocht, salze das Wasser und gib die Nudeln hinein.
- Schneide den Lachs in etwa 2 cm große Würfel pro Seite.
-
- Erhitze das Öl mit der Knoblauchzehe in einer Pfanne, gib den Lachs dazu und brate ihn ein paar Minuten lang. Mit Salz würzen und den Knoblauch aus der Pfanne nehmen.
-
- Schlage das Ei und die beiden Eigelbe in einer Schüssel auf.
- Dann fügst du den geriebenen Schafskäse und den Pfeffer hinzu und rührst noch einmal um, um alles miteinander zu vermischen.
-
- Wenn die Nudeln gekocht sind, abgießen und in den Saucentopf geben, eine mittlere Flamme halten und umrühren.
- Schalte nun die Hitze herunter und gib die Frischkäse-Ei-Mischung hinein, wobei du alles sehr schnell verrührst.
- Mit einer letzten Prise Pfeffer servieren.

Kürbis-Gnocchi

Schwierigkeitsgrad:	Zubereitung:	Kochzeiten:	Portionen:
leicht	16 min	6 min	2 Personen

Zutaten

- 250 g Kürbis
- 1 Eier
- 50 g Weizenmehl
- 2 Esslöffel Parmesankäse
- 1 Knoblauchzehe
- 50 g Ricotta
- Rosmarin
- Salz
- 20 g Butter
- 1 Zweig Rosmarin

Zubereitung

- Schneide den Kürbis in zwei Hälften, entferne die inneren Kerne und die Haut. Dann schneidest du ihn der Einfachheit halber in Keile und schneidest ihn in dünne Scheiben.
- Gib den Kürbis mit Wasser, Knoblauch und Rosmarin in eine Schüssel. Decke die Schüssel mit Folie ab.
- In der Mikrowelle etwa 7 Minuten kochen, bis der Kürbis weich ist.
- In einer anderen Schüssel Ricotta-Käse, Ei und geriebenen Parmesan vermischen.
- Verwende einen Kartoffelstampfer, um den Kürbis zu zerdrücken. Das Fruchtfleisch sollte in die Schüssel mit Ricotta gegeben werden.
- In dieselbe Schüssel das Mehl und das Salz geben. Zum Mischen umrühren.
- Fülle die Kürbismischung in einen Spritzbeutel.
- Nimm nun eine Pfanne und schmelze die Butter mit dem Rosmarin auf mittlerer Flamme, bis die Butter bräunlich ist.
- Koche einen Topf mit Salzwasser.
- Verwende einen Spritzbeutel, um die Kürbisknödel zu formen und lasse sie in kochendes Wasser fallen.
- Wenn die Gnocchi gar sind, lass sie abtropfen und gib sie mit der Butter und dem Rosmarin in die Pfanne und rühre kurz um, um sie zu würzen.

Penne mit Schinken, Sahne und Erbsen

Schwierigkeitsgrad:	Zubereitung:	Kochzeiten:	Portionen:
leicht	6 min	21 min	2 Personen

Zutaten

- 200 g Penne-Nudeln
- 75 g Erbsen
- 60 g gekochter Schinken
- 50 ml Sahne
- 15 g natives Olivenöl extra
- 1 Schalotte
- 1 Prise Muskatnuss
- Schwarzer Pfeffer
- Salz
- 20 g Grana Padano

Zubereitung

- Eine Schalotte fein hacken.
- Brate die Schalotte in einer Pfanne mit etwas Öl auf kleiner Flamme.
- Wenn die Schalotte goldbraun ist, gib die Erbsen in die Pfanne.
- Koche einen Topf mit Wasser. Sobald es kocht, salze das Wasser und gib die Nudeln hinein.
- Koche die Erbsen weiter, wenn nötig mit etwas Kochwasser.
- Gut mit Salz und Pfeffer würzen.
- Schneide den Schinken in Würfel und gib ihn dann zu den Erbsen in die Pfanne.
- Mische gründlich, um alle Zutaten miteinander zu verbinden. Sahne, Muskatnuss, Salz und Pfeffer hinzugeben und erneut mischen.
- Sobald die Nudeln gekocht sind, lässt du sie abtropfen und gibst sie in den Saucentopf, wo du sie etwa eine Minute lang anbrätst, um alles miteinander zu vermischen.
- Mit Grana-Padano-Käse bestreut servieren.

Nudeln mit frischem Lachs und roten Zwiebeln

Schwierigkeitsgrad:	Zubereitung:	Kochzeiten:	Portionen:
sehr leicht	11 min	16 min	2 Personen

Zutaten

- 160 g Nudeln (jede Art)
- 110 g Lachs ohne Haut
- 125 g Sahne
- 30 g rote Zwiebeln
- 1 Esslöffel natives Olivenöl extra
- Petersilie
- Salz

Zubereitung

- Schneide den Lachs in 2/3 Zentimeter große Stücke.
- Die Zwiebel fein hacken.
- Koche einen Topf mit Wasser. Sobald es kocht, salze das Wasser und gib die Nudeln hinein.
- Erhitze eine Pfanne mit Öl und gib die Zwiebel hinein.
- Koche die Zwiebel 30 Sekunden lang und gib dann den Lachs in die Pfanne.
- Du musst den Lachs etwa 3 Minuten lang kochen (oder weniger, wenn du das Gefühl hast, dass er zu sehr austrocknet).
- Gib die flüssige Sahne hinzu und koche unter Rühren etwa 2 Minuten weiter.
- Wenn die Nudeln gar sind, lass sie abtropfen und gib sie direkt in den Saucentopf.
- Mische und verrühre alle Zutaten auf großer Flamme.
- Mit Petersilie zur Dekoration servieren.

Geräucherte Nudeln

Schwierigkeitsgrad:	Zubereitung:	Kochzeiten:	Portionen:
leicht	16 min	16 min	2 Personen

Zutaten

- 180 g Nudeln (jede Art)
- 300 g passierte Tomaten
- 100 g Sahne
- 90 g geräucherter Speck
- 25 g Parmesankäse
- 25 g Emmentaler
- Natives Olivenöl extra
- Salz
- Korianderpulver
- Muskatnuss
- Getrockneter Chili
- Schwarzer Pfeffer

Zubereitung

- Den geräucherten Speck in Würfel schneiden.
- Mach das Gleiche mit dem Emmentaler.
- Reibe den Parmesan und mische ihn in einer Schüssel mit dem Emmentaler-Käse.
- Koche einen Topf mit Wasser. Sobald es kocht, salze das Wasser und gib die Nudeln hinein.
- Die Muskatnuss und den Chili fein hacken.
- Erhitze ein wenig Olivenöl in einer Pfanne und brate den Speck an. Gib Salz, Korianderpulver, Muskatnuss, getrockneten Chili und schwarzen Pfeffer in die Pfanne.
- 15 Sekunden lang umrühren, dann die passierten Tomaten hinzufügen und etwa zehn Minuten lang kochen.
- Nach den 10 Minuten die Käsemischung dazugeben und umrühren, damit sie schmilzt.
- Gib die flüssige Sahne hinzu und verrühre alle Zutaten miteinander.
- Sobald die Nudeln gekocht sind, lässt du sie abtropfen und gibst sie in den Saucentopf.
- Rühre gründlich um, damit sich die Nudeln mit der Sauce verbinden.

Spaghetti mit Muscheln und Bohnen

Schwierigkeitsgrad:	Zubereitung:	Kochzeiten:	Portionen:
leicht	16 min	16 min	2 Personen

Zutaten

- 160 g Spaghetti
- 125 g Vorgekochte Cannellini-Bohnen
- 500 g Muscheln
- 1 frischer Chili
- 1 Knoblauchzehe
- Natives Olivenöl extra
- Petersilie
- Schwarzer Pfeffer
- Salz

Zubereitung

- Schäle und hacke die Knoblauchzehe, hacke die Petersilie fein und schneide den Chili in Scheiben.
- Gib etwas Öl in eine Pfanne, gib den Knoblauch, die Chilischote und den größten Teil der gehackten Petersilie hinzu und brate alles auf sehr kleiner Flamme.
- Spüle die Muscheln und wasche sie, indem du die äußere Schicht auf der Oberfläche der Schale abkratzt.
- Spüle die Muscheln erneut ab und gib sie in die Pfanne, die du vorher benutzt hast.
- Den ½ Glas Wasser in die Pfanne geben und dann mit einem Deckel abdecken und kochen, bis sich die Muscheln öffnen.
- Sobald sich alle Muscheln geöffnet haben, schaltest du die Hitze aus, nimmst die Früchte aus jeder Muschel und bewahrst sie in einer Schüssel mit etwas Kochwasser der Muscheln auf.
- Gib die Muscheln nun in die zuvor verwendete Pfanne.
- Umrühren und ein paar Minuten kochen, dann die Cannellini-Bohnen hinzufügen.
- Mit Salz und Pfeffer würzen und etwa 7 Minuten kochen, bis die grünen Bohnen ganz weich sind.
- Koche einen Topf mit Wasser. Sobald es kocht, salze das Wasser und gib die Spaghetti hinein.
- Sobald die Spaghetti gekocht sind, lässt du sie abtropfen und gibst sie in die Pfanne mit der Sauce, fügst die Petersilie von vorhin hinzu und rührst sie schnell um.

Nudeln mit Thunfisch und Rucola-Pesto

Schwierigkeitsgrad:	Zubereitung:	Kochzeiten:	Portionen:
sehr leicht	16 min	11 min	2 Personen

Zutaten

- 160 g Nudeln (jede Art)
- Schale einer Zitrone
- 65 g Thunfischfilets (abgetropft)
- Salz
- 60 g Rucola
- 50 g kleine Tomaten
- 70 g natives Olivenöl extra
- 25 g Mandeln
- Basilikum
- Salz

Zubereitung

- Koche einen Topf mit Wasser. Sobald es kocht, salze das Wasser und gib die Nudeln hinein.
- Gib einige Basilikumblätter, Mandeln, Tomaten, Öl, Salz und Rucola in einen Mixer.
- Alles mixen, bis eine homogene Creme entsteht.
- Gib die Sahne in eine Pfanne.
- Sobald die Nudeln gar sind, lässt du sie abtropfen und gibst sie zusammen mit der Sahne in die Pfanne.
- Gib ein paar Esslöffel Kochwasser hinzu, um die Sahne leicht zu erwärmen.
- Die Sauce mit den Nudeln vermischen und die geriebene Zitronenschale und die abgetropften Thunfischfilets hinzufügen. Nochmals umrühren.

Nudeln mit Ei und Käse

Schwierigkeitsgrad:	Zubereitung:	Kochzeiten:	Portionen:
sehr leicht	16 min	16 min	2 Personen

Zutaten

- 200 g Nudeln (jede Art)
- 25 g Parmesankäse
- 25 g Pecorino-Käse
- 5 g Petersilie zum Hacken
- 3 Esslöffel natives Olivenöl extra
- 1 Knoblauchzehe
- 2 Eier
- Schwarzer Pfeffer
- Salz

Zubereitung

- Koche einen Topf mit Wasser. Sobald es kocht, salze das Wasser und gib die Nudeln hinein.
- Schlage die Eier in einer Schüssel auf und füge Salz und Pfeffer hinzu.
- In dieselbe Schüssel den geriebenen Schafskäse und den geriebenen Parmesan geben.
- Mische alles zusammen und du erhältst eine sehr vollmundige Creme.
- Erhitze das Öl in einer Pfanne und brate die Knoblauchzehe etwa 30 Sekunden lang an, nimm sie dann heraus und schalte die Hitze ab.
- In der Zwischenzeit sollten die Nudeln fertig sein, also lass sie abtropfen und gib sie direkt in die Pfanne.
- Schalte den Herd aus und gieße die Eier-Käse-Mischung über die Nudeln, wobei du alles schnell vermengst.
- Mit gehackter Petersilie bestreut servieren.

Nudeln mit Rucola und Kichererbsencreme

Schwierigkeitsgrad:	Zubereitung:	Kochzeiten:	Portionen:
leicht	11 min	11 min	2 Personen

Zutaten

- 160 g Penne-Nudeln
- 50 g Rucola
- Natives Olivenöl extra
- Basilikum
- 125 g Vorgekochte Kichererbsen
- 35 g Parmesankäse
- 25 g Lauch
- 20 g natives Olivenöl extra
- Basilikum
- Schwarzer Pfeffer
- Salz

Zubereitung

- Koche einen Topf mit Wasser. Sobald es kocht, salze das Wasser und gib die Nudeln hinein.
- Erhitze ein wenig Öl in einer Pfanne.
- Schneide den Lauch in dünne Scheiben und gib ihn zusammen mit den abgetropften Kichererbsen in die Pfanne.
- Passe das Salz an, rühre häufig um und koche etwa 6 Minuten lang.
- Nach 6 Minuten schaltest du die Hitze aus und fügst Pfeffer und Basilikumblätter hinzu und rührst erneut um.
- Gib die Sauce in einen Mixerbehälter, füge den geriebenen Parmesan und das Öl hinzu und püriere alles mit dem Mixer, bis eine homogene Creme entstanden ist.
- Lass den Rucola in einer Pfanne mit etwas Nudelkochwasser ein paar Minuten quellen und gib dann die Kichererbsencreme und die Basilikumblätter dazu.
- Sobald die Nudeln gekocht sind, lässt du sie abtropfen und gibst sie zusammen mit dem Rucola in die Pfanne.
- Gut umrühren, um alle Aromen zu vereinen, und mit etwas Öl und/oder gemahlenem Pfeffer servieren.

Nudeln mit Kirschtomaten und Sardellen

Schwierigkeitsgrad:	Zubereitung:	Kochzeiten:	Portionen:
sehr leicht	6 min	11 min	2 Personen

Zutaten

- 200 g Nudeln (jede Art)
- 60 g Kirschtomaten
- 25 g natives Olivenöl extra
- 15 g Gesalzene Sardellen
- 2 Blätter Basilikum
- 1 Knoblauchzehe
- Frische Chilischote
- Salz

Zubereitung

- Koche einen Topf mit Wasser. Sobald es kocht, salze das Wasser und gib die Nudeln hinein.
- Wasche die Kirschtomaten und schneide sie in 4 Teile, dann halbiere und viertle sie.
- Nimm einen Topf und koche eine Knoblauchzehe mit etwas Öl für 30 Sekunden auf mittlerer Flamme.
- Dann die Zehe entfernen und die Sardellen dazugeben. Weiter kochen, bis sich die Sardellen aufgelöst haben, dann die Kirschtomaten dazugeben und die Hitze erhöhen, bis die Kirschtomaten weich sind.
- Schneide nun den Chili in dünne Scheiben und entferne die Kerne, dann gib ihn mit den Gewürzen in die Pfanne, füge auch Pfeffer hinzu.
- Sobald die Nudeln gekocht sind, lass sie abtropfen und gib sie in den Saucentopf, rühre die Sauce um und vermische sie gut mit den Nudeln.
- Mit Basilikumblättern und ein paar gerollten Sardellen garniert servieren.

Spaghetti mit Sardellen, gewürzt mit Orange

Schwierigkeitsgrad:	Zubereitung:	Kochzeiten:	Portionen:
sehr leicht	11 min	16 min	2 Personen

Zutaten

- 180 g Spaghetti
- 300 g Orangen
- 1 Knoblauchzehe
- 20 g Cointreau
- 20 g natives Olivenöl extra
- 20 g Sardellen in Öl
- 15 g Semmelbrösel
- 3 Blätter Minze

Zubereitung

- Koche einen Topf mit Wasser. Sobald es kocht, salze das Wasser und gib die Nudeln hinein.
- Schneide die beiden Enden der Orange ab und schäle sie, dann trenne die inneren Segmente mit einem Messer heraus.
- Schneide die Segmente in kleine Stücke, schneide auch die Sardellenfilets in kleine Stücke.
- Brate die Knoblauchzehe 30 Sekunden lang in einer Pfanne mit etwas Öl an, nimm sie dann heraus und gib die Sardellenfilets und Orangenstücke dazu.
- Füge auch den Cointreau hinzu (das kann eine Flamme verursachen, aber keine Sorge, es wird in wenigen Augenblicken erlöschen).
- Verwende eine Bratpfanne, um die Semmelbrösel ein paar Minuten lang zu bräunen.
- Sobald die Spaghetti gekocht sind, lässt du sie abtropfen und gibst sie in die Pfanne mit der Sauce, fügst die Minzblätter und die goldenen Semmelbrösel hinzu.
- Rühre gründlich um, damit sich alle Aromen vermischen.

HAUPTGERICHTE

Knuspriger Lachs

Schwierigkeitsgrad:	Zubereitung:	Kochzeiten:	Portionen:
sehr leicht	11 min	21 min	2 Personen

Zutaten

- 2 x 250 g Lachsfilet
- Schale einer Zitrone
- 50 g Brot
- 1 Zweig Petersilie
- Weiße Pfefferkörner, ein halber Teelöffel
- 1 Büschel Dill
- 25 g natives Olivenöl extra
- 2 Zweige Thymian
- 2 Zweige Rosmarin
- Salz

Zubereitung

- Bereite die Semmelbrösel vor, indem du Semmelbrösel, Dill, Thymian, Rosmarin, Petersilie, Öl, Zitronenschale, Salz und weißen Pfeffer in einer Schüssel vermischst.
- Mixe die Zutaten, bis sie eine grobe Konsistenz haben.
- Nimm die Lachsfilets, entferne die Haut mit einem Messer und achte darauf, dass alle Gräten entfernt werden.
- Lege die Filets in eine mit Backpapier ausgelegte Terrine und bedecke sie mit den Semmelbröseln, drücke sie gut an, damit sie am Lachs haften bleiben.
- Im vorgeheizten, belüfteten Backofen bei 190° 21 Minuten lang backen.
- Nimm den Lachs aus dem Ofen und genieße ihn!

Hühnerbrüste in Milch

Schwierigkeitsgrad:	Zubereitung:	Kochzeiten:	Portionen:
leicht	16 min	11 min	2 Personen

Zutaten

- 20 g Butter
- Schwarzer Pfeffer
- 85 g Vollmilch
- 5 g natives Olivenöl extra
- Weizenmehl
- 300 g Hähnchenbrust (in Scheiben geschnitten)
- 2 Zweige Thymian
- Salz

Zubereitung

- Nimm die Hähnchenbrustscheiben und verwende einen Fleischklopfer, um dünnere Scheiben zu erhalten.
- Nimm eine Pfanne, gib ein wenig Öl und ein Stück Butter hinein und erhitze es auf kleiner Flamme, bis die Butter schmilzt.
- In der Zwischenzeit die Hähnchenscheiben in Mehl wenden und in die Pfanne legen.
- Nun drehst du die Hitze auf mittlere bis hohe Stufe und brätst die Scheiben 3-4 Minuten lang, bis sie eine Kruste bilden.
- Salz und Pfeffer hinzugeben und die Pfanne für weitere 3 Minuten mit einem Deckel abdecken, damit die Milch eindickt.
- Servieren und heiß genießen!

Schnitzel mit Pilzen

Schwierigkeitsgrad:	Zubereitung:	Kochzeiten:	Portionen:
leicht	21 min	11 min	2 Personen

Zutaten

- 1 Knoblauchzehe
- 200 g Kalbfleisch
- 25 g Butter
- Schwarzer Pfeffer
- 250 g Champignons
- 1 Zweig gehackter Rosmarin
- 20 g Weizenmehl
- 5 g natives Olivenöl extra
- Salz
- Thymian

Zubereitung

- Verwende den Fleischklopfer, um die Kalbfleischscheiben dünner zu machen.
- Nimm nun das Mehl und bemehle die Scheiben auf beiden Seiten gut. Das überschüssige Mehl entfernen und beiseitestellen.
- Wasche die Pilze gut und schneide sie in dünne Scheiben, dann stelle sie beiseite.
- Nimm eine Bratpfanne, schmelze die Hälfte der Butter (ca. 12 g) und gib etwas Öl hinzu. Die bemehlten Kalbfleischscheiben dazugeben, salzen und pfeffern und 3 Minuten auf jeder Seite braten.
- Wenn das Fleisch goldbraun ist, gib es auf einen Teller.
- Gib in dieselbe Pfanne, in der du das Fleisch gebraten hast, eine Knoblauchzehe, gehackten Rosmarin und die Hälfte der restlichen Butter.
- Schmelze die Butter und brate dann die Pilze. Mit Salz und Pfeffer abschmecken.
- Gib die beiseite gestellten Kalbsscheiben zusammen mit den Pilzen zurück in die Pfanne, gib den Thymian und eine Kelle Wasser hinzu und lass die Aromen 1-2 Minuten lang auf kleiner Flamme gut vermischen.
- Nun serviere die Scheiben und genieße sie heiß!

Huhn mit Sojasauce

Schwierigkeitsgrad:	Zubereitung:	Kochzeiten:	Portionen:	Hinweis:
leicht	21 min	11 min	2 Personen	Marinierzeit des Huhns 2 Stunden

Zutaten

- 5 g Scharfer Paprika
- 250 g Hähnchenbrust
- 3 g frischer Ingwer
- 25 ml Sojasauce
- 15 g Wildblumenhonig
- Schale einer Limette
- Saft einer halben Limette
- 1 Knoblauchzehe
- Natives Olivenöl extra

Zubereitung

- Schneide das Hähnchen in mundgerechte Stücke und gib sie in eine Schüssel. Gieße die Sojasauce hinein und lass das Huhn marinieren.
- Schmelze den Honig ein paar Minuten lang in einem Topf, lass ihn abkühlen und gib ihn dann in die Schüssel mit dem Hähnchen.
- Paprika, Limettensaft und eine zerdrückte Knoblauchzehe hinzufügen.
- Nimm nun den Ingwer, entferne die Schale und reibe ihn in die Schüssel.
- Vermische alle Zutaten gut miteinander und verschließe die Schüssel mit Frischhaltefolie.
- Stelle die Schüssel nun für mindestens 2 Stunden zum Marinieren in den Kühlschrank.
- Nimm eine Pfanne und erhitze etwas Öl, gib das marinierte Hähnchen zusammen mit der Flüssigkeit aus der Schüssel hinein.
- Bei starker Hitze 11 Minuten kochen, dabei die Hähnchenteile gut wenden, oder bis die Marinade trocken und der Honig karamellisiert ist.
- Salz sollte nicht nötig sein, aber füge es hinzu, wenn du es für nötig hältst.
- Das Hähnchen in Sojasauce heiß servieren und genießen!

Zitronenschnitzel

Schwierigkeitsgrad:	Zubereitung:	Kochzeiten:	Portionen:
leicht	11 min	11 min	2 Personen

Zutaten

- Schwarzer Pfeffer
- 4 Scheiben vom Kalbfleisch
- Weizenmehl
- 25 g Zitronensaft
- Salz
- 20 g Butter

Zubereitung

- Die Zitrone auspressen und den Saft in eine Schüssel geben.
- Nimm einen Fleischklopfer und schlage die Kalbfleischscheiben, damit sie weicher werden.
- Lege die Scheiben in das Mehl und wende sie auf beiden Seiten, um sie gut zu bemehlen.
- Entferne dann das überschüssige Mehl.
- Erhitze die Butter in einer Bratpfanne. Sobald sie geschmolzen sind, gibst du die Scheiben dazu und brätst sie ein paar Minuten lang gut an, erst auf der einen, dann auf der anderen Seite.
- Salz und Pfeffer hinzufügen.
- Nun den Zitronensaft hinzugeben und weitere 3 Minuten kochen.
- Wenn die Zitrone anfängt einzudicken, legst du die Scheiben auf einen Teller und genießt sie kochend heiß!

Seezunge mit Milch

Schwierigkeitsgrad:	Zubereitung:	Kochzeiten:	Portionen:
sehr leicht	16 min	11 min	2 Personen

Zutaten

- Salz
- 60 g Butter
- 2 mittelgroße Seezungen
- Weizenmehl
- Saft einer Zitrone
- 1 Zweig Petersilie
- Vollmilch

Zubereitung

- Reinige und wasche die Seezungen und trockne sie dann gut ab.
- Weiche die Seezungen in Milch ein und bemehle sie dann gut auf beiden Seiten.
- Nimm eine Bratpfanne und gib Butter und einen Tropfen Wasser hinein. Sobald sie geschmolzen sind, fügst du die Seezunge hinzu und kochst sie 4 Minuten oder bis sie goldbraun ist.
- In der Zwischenzeit presst du eine Zitrone aus und gibst den Saft in eine separate Schüssel.
- Hacke mit einem Messer etwas Petersilie.
- Sobald die Seezunge fertig ist, legst du sie auf einen Teller, gießt den Zitronensaft darüber und gibst ein wenig Petersilie und eine Prise Salz dazu!

Fleisch in Sauce

Schwierigkeitsgrad:	Zubereitung:	Kochzeiten:	Portionen:
sehr leicht	6 min	16 min	2 Personen

Zutaten

- Natives Olivenöl extra
- 150 g Rindfleischscheiben
- Oregano
- Salz
- 100 g passierte Tomaten
- Schwarzer Pfeffer
- 1 Knoblauchzehe

Zubereitung

- Nimm eine Bratpfanne, gib etwas Öl hinein und brate eine Knoblauchzehe an.
- Nun die passierten Tomaten mit ein wenig Wasser dazugeben, salzen und pfeffern.
- Lass es 11 Minuten lang kochen und gib dann die Rindfleischscheiben hinein.
- Bedecke die Scheiben gut mit der Sauce und gib den Oregano dazu.
- Die Pfanne mit einem Deckel abdecken und weitere 4 Minuten kochen, dabei die Scheiben häufig wenden.
- Jetzt servieren und heiß genießen!

Hähnchenstreifen

Schwierigkeitsgrad:	Zubereitung:	Kochzeiten:	Portionen:
sehr leicht	11 min	11 min	2 Personen

Zutaten

- Weizenmehl
- 350 g Hähnchenbrust
- 1 Knoblauchzehe
- Salz
- 25 g natives Olivenöl extra
- Schwarzer Pfeffer
- Petersilie

Zubereitung

- Nimm das Hähnchen und schneide es in Stücke, dann tauche es in das Mehl und entferne den Überschuss mit einem Sieb.
- Erhitze eine Bratpfanne mit etwas Öl und gib eine Knoblauchzehe auf kleiner bis mittlerer Flamme hinein.
- Mit Salz und Pfeffer würzen und 4 Minuten bei starker Hitze braten, dabei oft umrühren, damit das Fleisch nicht anbrennt.
- Dann die gehackte Petersilie hinzugeben.
- Genieße die Hähnchenstreifen kochend heiß!

Gebackene Kabeljaufilets

Schwierigkeitsgrad:	Zubereitung:	Kochzeiten:	Portionen:
leicht	11 min	16 min	2 Personen

Zutaten

- 20 g natives Olivenöl extra
- 25 g Semmelbrösel
- Saft und Schale einer Zitrone
- 200 g Kabeljaufilet
- 8 g Mandelblättchen
- 3 Zweige Thymian
- Schwarzer Pfeffer
- Salz

Zubereitung

- Nimm eine Schüssel und gib die Semmelbrösel, den Thymian, die Zitronenschale und den Zitronensaft hinein. Die Mandelblättchen, Salz und Pfeffer hinzufügen. Mische alle Zutaten miteinander, um sie zu kombinieren.
- Nimm die Kabeljaufilets und sorge dafür, dass alle Gräten entfernt werden.
- Lege die Filets in eine Schüssel, beträufle sie mit etwas Olivenöl und füge die Semmelbrösel hinzu, die du zuvor hergestellt hast.
- Verteile die Semmelbrösel mit deinen Händen auf den Filets.
- Nimm eine Auflaufform, gib ein wenig Öl hinein und gib den Fisch hinein.
- Wenn du etwas Semmelbrösel übrig hast, gib sie zu den Filets.
- Brate den Fisch im vorgeheizten Ofen bei 200° 20 Minuten lang, oder bis er knusprig ist.
- Auf den Teller und genießen!

Schwertfisch mit Oliven

Schwierigkeitsgrad:	Zubereitung:	Kochzeiten:	Portionen:
sehr leicht	16 min	11 min	2 Personen

Zutaten

- 280 g Tomaten
- 40 g entsteinte grüne Oliven
- Salz
- 25 g natives Olivenöl extra
- 1 Knoblauchzehe
- 5 g Pinienkerne
- 280 g Schwertfisch in Scheiben geschnitten
- Oregano
- Schwarzer Pfeffer

Zubereitung

- Nimm die Kirschtomaten und schneide sie in zwei Hälften.
- Gib ein wenig Öl in eine Pfanne und brate eine Knoblauchzehe an.
- Sobald der Knoblauch goldgelb geworden ist, fügst du die Kirschtomaten hinzu und kochst sie 11 Minuten lang.
- Salz und Oregano hinzufügen.
- In der Zwischenzeit schneidest du die entsteinten Oliven in Ringe und gibst sie in die Pfanne.
- Jetzt die Knoblauchzehe entfernen und die Schwertfischscheiben dazugeben, etwa 3 Minuten pro Seite garen.
- Pfeffern und mit einem Deckel abdecken.
- Während der Schwertfisch gart, röstest du in einer kleinen Pfanne die Pinienkerne und achtest darauf, dass sie nicht verbrennen.
- Wenn der Fisch gar ist, gib ihn auf einen Teller und füge die gerösteten Pinienkerne hinzu.
- Genieße es heiß!

Auberginen-Cordon-Bleu

Schwierigkeitsgrad:	Zubereitung:	Kochzeiten:	Portionen:
sehr leicht	11 min	17 min	2 Stück

Zutaten

- 60 g geräucherter Provola-Käse
- 115 g Auberginen
- 2 Blätter Basilikum
- 60 g Gekochter Schinken, in Scheiben geschnitten
- 2 Eier
- Salz
- Semmelbrösel
- Weizenmehl
- Schwarzer Pfeffer
- Erdnussöl

Zubereitung

- Wasche die Aubergine, entferne die Enden und schneide sie in 1 cm dicke Scheiben.
- Lege die Scheiben in ein Sieb und salze sie.
- Lasse sie für etwa 30 Minuten stehen.
- Dieses Verfahren dient dazu, das in den Auberginen von Natur aus enthaltene Wasser zu entfernen.
- Nimm den geräucherten Provola-Käse und schneide ihn in dünne Scheiben.
- Bereite die Semmelbrösel vor.
- Schlage zwei Eier in einer Schüssel auf, füge Salz und Pfeffer hinzu.
- Nimm zwei Schüsseln, eine mit dem Mehl und die andere mit den Semmelbröseln.
- Nach 30 Minuten nimmst du die Auberginen aus dem Sieb, wäschst sie gut und trocknest sie ab.
- Die Auberginen auf einen Teller legen, mit gekochtem Schinken, Basilikum und Provola-Käse füllen.
- Lege eine weitere Auberginenscheibe darauf, als ob es ein Sandwich wäre.
- Jetzt gehen wir zu den Semmelbröseln über.
- Nimm das Auberginen-Sandwich (mit Schinken und Provola), bemehle es auf beiden Seiten, tauche es in die Eier und dann in die Semmelbrösel. Verteile die Semmelbrösel gleichmäßig.
- Nimm eine Bratpfanne, gib das Öl hinein und erhitze es.
- Tauche die Cordon Bleus darin ein und brate sie etwa zwei Minuten lang goldbraun.
- Lass sie abtropfen und lege sie auf saugfähiges Papier.
- Du kannst sie auch im Ofen backen.
- Den Ofen auf 200° vorheizen und die Cordon Bleus 20 Minuten lang backen, dabei nach 10 Minuten wenden.
- Und jetzt genieße es heiß!

Rindergeschnetzeltes mit Rucola und Kirschtomaten

Schwierigkeitsgrad:	Zubereitung:	Kochzeiten:	Portionen:	Hinweis:
leicht	11 min	11 min	2 Personen	Nimm das Fleisch 1 Stunde vorher aus dem Kühlschrank.

Zutaten

- 50 g Rucola
- 50 g Kirschtomaten
- 400 g Lendenbraten
- Natives Olivenöl extra
- Salzflocken
- Schwarzer Pfeffer

Zubereitung

- Nimm das Fleisch eine Stunde vor dem Kochen aus dem Kühlschrank.
- Wasche den Rucola und trockne ihn.
- Wasche die Kirschtomaten und schneide sie in zwei Hälften.
- Nimm das Fleisch, das nun Zimmertemperatur hat, und entferne die Fettteile.
- Schneide sie in 3 cm dicke Scheiben.
- Lege den Grill auf das Feuer und erhitze ihn über einer hohen Flamme.
- Jetzt, wo es heiß ist, die Hitze reduzieren, das Fleisch darauflegen und 4 Minuten pro Seite braten. (Hilf dir mit einer Zange, damit der Saft im Fleisch bleibt.)
- Wenn du ein Lebensmittelthermometer benutzt, solltest du wissen, dass die optimale Temperatur in der Mitte des Fleisches 53° betragen sollte.
- Nimm ein Holzschneidebrett, lege ein Bett aus Rucola darauf und lege dann das Fleisch darauf.
- Das Fleisch in schräge Streifen schneiden, Kirschtomaten als Beilage dazugeben und mit Öl, Salz und etwas Pfeffer würzen.
- Jetzt serviere und genieße es!

Rindfleischstreifen

Schwierigkeitsgrad:	Zubereitung:	Kochzeiten:	Portionen:
leicht	16 min	16 min	2 Personen

Zutaten

- 25 g Gemüsebrühe oder heißes Wasser
- 20 g Parmesankäse
- 10 g Balsamico-Essig
- 300 g Nuss oder Rumpsteak vom Rind
- 15 g Weizenmehl
- 15 g natives Olivenöl extra
- Schwarzer Pfeffer
- 50 g Rucola
- Salz

Zubereitung

- Wasche den Rucola und gib ihn in eine Schüssel. Mit Salz, Pfeffer, nativem Olivenöl extra und Balsamico-Essig würzen. Beiseitelegen.
- Erhitze die Gemüsebrühe oder heißes Wasser.
- Bereite nun die Parmesanwaffeln zu.
- Heize den Ofen auf 180° vor.
- Nimm ein Backblech und lege ein Blatt Backpapier darauf.
- Häufe den Parmigiano darauf und forme sie mit einem Löffel nach Belieben (rund, länglich, quadratisch).
- Schiebe das Blech nun in den Ofen und backe ihn 10 Minuten lang, oder bis es goldbraun ist.
- In der Zwischenzeit nimmst du das Fleisch und schneidest es in Streifen.
- Gib das Fleisch in ein Sieb und füge das Mehl hinzu. Achte darauf, dass das ganze Fleisch gut bemehlt ist. Entferne dann das überschüssige Mehl.
- Nimm eine Bratpfanne, gib etwas Olivenöl und die Fleischstreifen hinein. Brate
- sie ein paar Minuten lang, bis sich eine Kruste
- bildet.
- Mit Pfeffer und Salz würzen.
- Füge zwei oder drei Esslöffel Gemüsebrühe oder Wasser hinzu.
- Lass es kochen, bis du eine cremige Konsistenz erhältst. Dann ist das Fleisch fertig.
- Serviere das Fleisch mit einer Schüssel Rucola und lass es dir schmecken!

Lachsfilets mit schwarzen Oliven und Kirschtomaten

Schwierigkeitsgrad:	Zubereitung:	Kochzeiten:	Portionen:	Hinweis:
sehr leicht	11 min	16 min	2 Personen	1 Stunde Mazeration der Kirschtomaten

Zutaten

- 400 g norwegischer Lachs
- 175 g Kirschtomaten
- 1 Zweig getrockneter Oregano
- 15 g natives Olivenöl extra
- Salz
- 1 Knoblauchzehe
- 35 g entsteinte schwarze Oliven
- 3 g eingelegte Kapern

Zubereitung

- Wasche die Kirschtomaten und schneide sie in 4 Stücke.
- Gib sie in eine Schüssel, füge den halbierten Knoblauch, Oregano, Öl und Salz hinzu.
- Vermische die Zutaten gut und decke die Schüssel mit Frischhaltefolie ab.
- 1 Stunde lang beiseitestellen, damit die Kirschtomaten einweichen können.
- Nach einer Stunde beginnen wir mit dem Kochen des Lachses.
- Entferne die Haut vom Lachs und achte darauf, dass du alle Gräten entfernst.
- Schneide ihn in 2 Filets.
- Nimm die Schüssel mit den Kirschtomaten und entferne den Knoblauch.
- Nimm eine Auflaufform, gib etwas natives Olivenöl hinein und gib die Kirschtomaten mit dem Dressing hinein.
- Lege die Lachsfilets auf die Kirschtomaten und lege ein paar Kirschtomaten auf den Lachs, um ihm Geschmack zu verleihen.
- Salz, Pfeffer, schwarze Oliven und Kapern hinzufügen.
- Heize den Ofen auf 180° vor und backe die Form 15 Minuten lang,
- Jetzt ist alles bereit, um die Lachsfilets mit schwarzen Oliven und Kirschtomaten zu genießen!

Schwertfisch-Rollen

Schwierigkeitsgrad:	Zubereitung:	Kochzeiten:	Portionen:
sehr leicht	16 min	11 min	2 Personen

Zutaten

- 2 Schwertfisch-Filets
- 4 Blätter Basilikum
- 50 g Tomaten
- 10 g Kapern in Salz
- Salz
- Chilipulver
- 1 Knoblauchzehe
- 10 g Grüne Oliven
- 15 g natives Olivenöl extra
- 2 Blätter Basilikum
- 20 g Semmelbrösel
- 70 g Auburn-Tomaten

Zubereitung

- Hacke die Oliven und Kapern mit einem Messer und schneide die Tomaten in kleine Würfel.
- Den Knoblauch fein hacken.
- Nimm eine Schüssel für die Füllung, gib die Semmelbrösel, Kapern, Oliven, einen Teelöffel Chili, frisches Basilikum, Salz und einen Spritzer natives Olivenöl hinein.
- Beiseitelegen.
- Nimm den Schwertfisch, halbiere die beiden Filets und fülle sie mit der Füllung, die du zuvor hergestellt hast. Drücke die Ränder gut an, damit die Füllung nicht herausläuft, und rolle sie zu einer Roulade auf.
- Befestige die Rolle mit Zahnstochern.
- Nimm eine Tomate, schneide sie in Scheiben und lege sie beiseite.
- Nimm eine Auflaufform, gieße ein wenig Öl hinein, lege die Brötchen hinein, klebe ein Basilikumblatt auf eine Seite des Brötchens und eine Tomatenscheibe auf die andere Seite.
- Mit Olivenöl würzen und mit Semmelbröseln bestreuen.
- Den Backofen auf 180° vorheizen, die Auflaufform einschieben und 11 Minuten lang backen.
- Und jetzt genieße sie kochend heiß!

Gefüllte Hühnerröllchen

Schwierigkeitsgrad:	Zubereitung:	Kochzeiten:	Portionen:
leicht	16 min	11 min	2 Personen

Zutaten

- Schwarzer Pfeffer
- Salz
- 2 Esslöffel Öl
- 200 g Hähnchenbrust
- 4 Zweige Rosmarin
- 4 Scheiben Scamorza (Provola)
- Speck 4 Scheiben

Zubereitung

- Nimm die 4 Hähnchenscheiben und zerdrücke sie mit einem Fleischklopfer.
- Jetzt, wo du die dünnen Scheiben hast, legst du den Speck und den Käse auf jede Scheibe.
- Rolle die Zutaten auf und sichere die Rolle mit einem Spieß.
- Würze die Brötchen mit Rosmarin, Pfeffer und Salz.
- Nimm den Grill, fette ihn mit ein wenig Öl ein und heize ihn gut auf.
- Sobald sie heiß sind, brate die Spieße und wende sie von Zeit zu Zeit.
- (Du kannst sie auch in einer Pfanne kochen).
- Serviere die Röllchen und genieße sie kochend heiß!

Schnitzel in Marsala-Wein

Schwierigkeitsgrad:	Zubereitung:	Kochzeiten:	Portionen:
leicht	16 min	11 min	2 Personen

Zutaten

- 50 g Marsala
- 4 Scheiben Schweinelende
- 20 g natives Olivenöl extra
- 35 g Gemüsebrühe
- Salz
- 25 g Butter
- Weizenmehl
- Schwarzer Pfeffer

Zubereitung

- Nimm die Scheiben und schlage sie mit einem Fleischklopfer.
- Bemehle die Scheiben und entferne überschüssiges Mehl.
- Nimm eine Bratpfanne, gib etwas Öl hinein und gib ein Stück Butter hinein. Wenn die
- Butter geschmolzen ist, gibst du die Schweinescheiben hinein und brätst sie bei mittlerer Hitze 2 Minuten pro Seite.
- Würze das Fleisch mit Marsala, füge Pfeffer und Salz hinzu.
- Jetzt die Gemüsebrühe (oder heißes Wasser) dazugeben und noch ein paar Minuten kochen, bis sich eine Creme bildet.
- Jetzt servieren und genießen!

Hähnchenbrust mit Cornflakes

Schwierigkeitsgrad:	Zubereitung:	Kochzeiten:	Portionen:
leicht	16 min	6 min	2 Personen

Zutaten

- 50 g Cornflakes
- 5 g Vollmilch
- 5 g scharfer Paprika
- 1 Ei
- 300 g Hähnchenbrust
- Salz
- 1 Bund Schnittlauch
- 10 g natives Olivenöl extra
- 1 Knoblauchzehe
- 50 g Salatgurken
- 5 g Weißweinessig
- 100 g Griechischer Joghurt
- Salz
- Erdnussöl

Zubereitung

- Nimm eine Schüssel, gib den Joghurt und eine sehr fein gehackte Knoblauchzehe hinein.
- Dann Öl, gehackten Schnittlauch, Weißwein und eine Prise Salz hinzugeben.
- Mische alle Zutaten sehr gut miteinander.
- Nimm nun die Gurke, wasche sie, schneide die Enden ab und reibe sie direkt in die Schüssel. Gut mischen.
- Nimm die Schüssel, verschließe sie mit Frischhaltefolie und stelle sie in den Kühlschrank.
- Nimm die Cornflakes, gib sie in einen durchsichtigen Beutel und zerdrücke sie mit einem Nudelholz.
- Die zerkleinerten Cornflakes in eine Auflaufform geben und das Paprikapulver hinzufügen und gut umrühren.
- Nimm eine weitere Auflaufform und gib das verquirlte Ei, die Milch und das Salz hinein.
- Gut mischen.
- Nimm die Hühnerbrüste, bestreue sie mit Paprika, lege sie in das Ei und drehe sie um.
- Dann tauchst du sie in die Schüssel mit den Cornflakesbröseln und lässt sie gut auf beiden Seiten des Hähnchens kleben.
- Lege sie beiseite.
- Nimm eine Bratpfanne, gib etwas Kernöl hinein und brate die Hähnchenbrüste 5 Minuten pro Seite.
- (Du kannst sie auch 15 Minuten lang
- bei 180° im Ofen backen).
- Lege die Hähnchenbrüste auf ein Tablett mit Papiertüchern.
- Serviere das Gericht kochend heiß mit der Joghurtsauce!

Schweinefilet

Schwierigkeitsgrad:	Zubereitung:	Kochzeiten:	Portionen:
sehr leicht	21 min	11 min	2 Personen

Zutaten

- 4 Schweinefilet
- 25 g Butter
- 6 grüne Pfefferkörner
- 4 Scheiben geräucherter Speck
- 8 Blätter Salbei
- 4 Zweige Rosmarin
- Salz
- 5 g natives Olivenöl extra
- 13 g Butter
- Salz
- Natives Olivenöl extra
- 4 Zwiebeln

Zubereitung

- Nimm die Schweinescheiben und umwickle sie mit Speck.
- Bedecke die Scheiben mit zwei Salbeiblättern und benutze deine Hände, um sie an den Speck zu kleben.
- Binde sie mit Schnur zusammen und mache einen Doppelknoten, um sie zu sichern.
- Schneide die überschüssige Schnur ab.
- Nimm die Frühlingszwiebeln und schneide sie in Viertel.
- Nimm eine antihaftbeschichtete Pfanne, gib Butter, Öl und die Frühlingszwiebeln hinein.
- Brate sie gut an.
- Schalte die Flamme aus, aber halte sie warm.
- Gib die Butter, das Öl und den Rosmarin in eine andere Pfanne. Lege die Filets darauf und bräune sie auf beiden Seiten.
- Grünen Pfeffer hinzufügen.
- Jetzt die Schweinefilets mit Frühlingszwiebeln servieren und genießen!

Gebratenes Kabeljaufilet

Schwierigkeitsgrad:	Zubereitung:	Kochzeiten:	Portionen:
leicht	11 min	11 min	2 Personen

Zutaten

- 2 x 200 g Kabeljaufilet
- 15 g Pinienkerne
- 40 g Butterschmalz
- 25 g Weizenmehl
- Salz
- Schwarzer Pfeffer
- 5 g Petersilie zum Hacken
- 75 g Wasser

Zubereitung

- Röste die Pinienkerne in einer Pfanne 3 Minuten lang und wende sie dabei gut.
- Dann lege sie beiseite.
- Nun die Petersilie mit einem Messer fein hacken und beiseitestellen.
- Gib die Butter in eine Bratpfanne und lass sie auf kleiner Flamme schmelzen.
- Gib in der Zwischenzeit das Mehl in eine Auflaufform und füge Salz und Pfeffer hinzu.
- Jetzt, wo die Butter geschmolzen ist, bemehle die Kabeljaufilets und lege sie in die Pfanne.
- Lass die Kabeljaufilets 3 Minuten auf jeder Seite garen.
- Lege sie nun auf einen Teller und stelle sie beiseite.
- In derselben Pfanne, in der du den Kabeljau gebraten hast, gießt du etwas Wasser hinzu und drehst die Hitze für ein paar Minuten hoch. Es bildet sich eine cremige Sauce und du musst die gehackte Petersilie, Salz und Pfeffer hinzufügen. 5 Minuten lang gut umrühren.
- Nun die Kabeljaufilets auf Tellern anrichten, die frisch zubereitete Sauce und die gerösteten Pinienkerne darüber geben.
- Servieren und probieren!

Schnitzel Bolognese

Schwierigkeitsgrad:	Zubereitung:	Kochzeiten:	Portionen:
leicht	16 min	11 min	2 Personen

Zutaten

- 2 Scheiben vom Kalbfleisch
- 100 g Semmelbrösel
- 50 g Weizenmehl
- 1 Ei (mittel)
- 25 g Butter
- 150 g roher Schinken
- 85 g Parmesankäse
- 125 g Fleischbrühe

Zubereitung

- Erhitze die Fleisch- oder Gemüsebrühe.
- Das Fleisch mit einem Fleischklopfer klopfen und beiseitestellen.
- Bereite 3 Behälter vor.
- Gib das Mehl in den ersten.
- In der zweiten schlägst du die Eier auf.
- Gib die Semmelbrösel in das dritte.
- Nimm das Fleisch und tauche es in das Mehl, bemehle beide Seiten gut.
- Die bemehlten Scheiben in die Eier tauchen und dann in den Behälter mit den Semmelbröseln tauchen.
- Drücke die Semmelbrösel gut in die Scheiben, damit sie zusammenkleben.
- Nimm eine Pfanne, gib ein wenig Öl und etwas Butter hinein und brate die Scheiben.
- Wende sie mehrmals, damit sie goldbraun werden.
- Jetzt sofort den Schinken auflegen und den Parmesan darüber reiben.
- Gieße eine Kelle Brühe hinzu und koche 6 Minuten lang weiter.
- Lasse das gesamte Wasser verdampfen und lege die Scheiben auf einen Servierteller.
- Und jetzt genieße sie heiß!

Grünkohl-Burger

Schwierigkeitsgrad:	Zubereitung:	Kochzeiten:	Portionen:
leicht	11 min	17 min	2 Stück

Zutaten

- 100 g Schwarzkohl
- Salz
- 90 g Sandwichbrot
- Natives Olivenöl extra
- 40 g Wasser
- 1 Ei
- 50 g Grana Padano
- Petersilie
- Schwarzer Pfeffer

Zubereitung

- Wasche den Grünkohl und schneide ihn grob mit einem Messer.
- Nimm eine Pfanne, gib ein wenig Öl hinein und gib den Grünkohl dazu.
- 11 Minuten kochen, bis er eingegangen ist.
- Nimm eine Schüssel und gib das in Würfel geschnittene Brot hinein.
- Gieße das Wasser hinzu und knete es mit deinen Händen, bis der Teig glatt ist.
- Die Petersilie mit einem Messer hacken und beiseitestellen.
- Den Grana-Padano-Käse reiben und beiseitestellen.
- Gib nun den heißen Grünkohl, den Grana-Padano-Käse, das Ei, die gehackte Petersilie, Salz und Pfeffer in die Schüssel mit dem Brot.
- Verrühre die Zutaten mit der Hand, bis eine homogene Mischung entstanden ist.
- Nimm einen Teigausstecher, gib den Teig hinein, drücke ihn mit den Fingern gut an, ziehe den Ausstecher heraus und du hast die klassische Burgerform.
- Nimm eine Bratpfanne, gib etwas Öl hinein und brate die Burger 5 Minuten lang, wende sie dabei sehr oft, damit sie nicht anbrennen.
- Jetzt serviere sie und iss sie!

Gebratener Tintenfisch

Schwierigkeitsgrad:	Zubereitung:	Kochzeiten:	Portionen:
leicht	21 min	112 min	Personen

Zutaten

- 400 g Calamari
- 100 g Weizenmehl
- Salz
- Erdnussöl

Zubereitung

- Wasche den Tintenfisch unter fließendem Wasser und trenne den Kopf vom Körper des Tintenfisches.
- Entferne den Knorpel und die Eingeweide vorsichtig aus dem Körper.
- Nimm nun ein Messer und schneide es auf, um die Haut und die Flossen zu entfernen.
- Schneide den Körper in weniger als 1 cm dicke Ringe.
- Schneide die Tentakel ab und gib sie in ein Sieb, um das Wasser zu entfernen.
- Gib das Mehl in eine Schale und bemehle den Tintenfisch gut. Benutze ein Sieb, um das überschüssige Mehl zu entfernen.
- Gieße etwas Öl in eine Pfanne und erhitze es.
- Sobald sie heiß sind, gibst du die Tintenfische hinein und brätst sie 4 Minuten lang, wobei du sie oft wenden musst, damit sie gleichmäßig braun werden.
- Sobald sie knusprig sind, lass sie abtropfen und lege sie auf ein Tablett mit Papiertüchern, um überschüssiges Öl zu entfernen.
- Jetzt nach Geschmack salzen und das Frittierte heiß genießen!

Hähnchennuggets mit Joghurt

Schwierigkeitsgrad:	Zubereitung:	Kochzeiten:	Portionen:
sehr leicht	11 min	16 min	2 Personen

Zutaten

- Natives Olivenöl extra
- 25 g Pinienkerne
- 250 g Hähnchenbrust
- 5 g Weizenmehl
- 60 g Wasser
- Salz
- 1 Teelöffel Kurkumapulver
- 100 g fettfreier Joghurt

Zubereitung

- Nimm das Huhn, befreie es vom Fett und schneide es in etwa 2 cm große Würfel.
- Gib das Hähnchen in eine Schüssel, gib das Mehl und das Salz hinein und mische es gut, damit das Fleisch bedeckt ist.
- Überschüssiges Mehl mit einem Sieb entfernen.
- Nimm eine Bratpfanne, gib etwas Öl hinein und röste die Pinienkerne 3 Minuten lang bei starker Hitze.
- Jetzt das Hähnchen dazugeben, 2 Minuten braten und dann Wasser hinzufügen.
- In der Zwischenzeit nimmst du eine Schüssel und gibst den Joghurt und das Kurkuma hinein. Rühre um, bis die Mischung glatt ist.
- Gieße nun die entstandene Sauce in die Pfanne und vermische alle Zutaten gut.
- Serviere die Leckerbissen nun und genieße sie, solange sie noch heiß sind!

Schweinefilet mit Honig und Ingwer

Schwierigkeitsgrad:	Zubereitung:	Kochzeiten:	Portionen:
leicht	16 min	11 min	2 Personen

Zutaten

- 250 g Schweinefilet
- 13 g frischer Ingwer
- 15 g Sojasauce
- 1 Esslöffel Wildblumenhonig
- 1 Esslöffel Sesamöl
- 3 g frischer Chili
- Salz

Zubereitung

- Nimm das Fleisch und entferne das überschüssige Fett, dann schneide es in 2 cm große Würfel.
- Das Fleisch leicht salzen.
- Nimm nun den Chili, entferne die Kerne und schneide sie in dünne Streifen.
- Nimm den Ingwer, schäle ihn und schneide ihn in dünne Scheiben.
- Gib etwas Öl in eine Bratpfanne und erhitze es.
- Gib den Ingwer dazu und nach zwei Minuten den Chili.
- Lass das Öl ein paar Minuten einwirken, dreh die Hitze auf mittlere Stufe und gib die Schweinefilets in die Pfanne.
- Brate die Würfel 4 Minuten lang an, bis sie leicht knusprig sind.
- Nun den Honig und die Sojasauce dazugeben und weitere 5 Minuten kochen lassen.
- Sobald die Sauce eingedickt ist, das Filet zu Tisch bringen und genießen!

Eier und Erbsen

Schwierigkeitsgrad:	Zubereitung:	Kochzeiten:	Portionen:
sehr leicht	6 min	16 min	2 Personen

Zutaten

- 2 Eier
- Natives Olivenöl extra
- Schwarzer Pfeffer
- 380 g Erbsen
- 30 g Zwiebeln
- Salz

Zubereitung

- Nimm eine Zwiebel und schneide sie klein.
- Gib etwas Öl in eine Pfanne und brate die Zwiebel auf mittlerer Flamme an.
- Nun die Erbsen dazugeben, salzen und pfeffern und ein Glas Wasser hinzufügen.
- Weitere 11 Minuten kochen und umrühren.
- Nachdem das Wasser verdampft ist, fügst du zwei Eier hinzu und achtest darauf, dass das Eigelb nicht zerbricht.
- Setze den Deckel auf.
- Koche weiter, wie du es möchtest.
- Jetzt mit Salz und Pfeffer würzen und genießen!

Lachssteak mit Tomaten und Thymian

Schwierigkeitsgrad:	Zubereitung:	Kochzeiten:	Portionen:
leicht	11 min	11 min	2 Personen

Zutaten

- 300 g Auburn-Tomaten
- 1 Knoblauchzehe
- 3 Zweige Thymian
- Natives Olivenöl extra
- 300 g Lachsfilet
- Salz
- Schwarzer Pfeffer

Zubereitung

- Nimm das Lachssteak, entferne die Haut und die Gräten. 2 Scheiben abschneiden, mit Salz und Pfeffer würzen und beiseitestellen.
- Wasche und würfle die Tomaten. Lege sie für 30 Sekunden in kochendes Wasser.
- Den Thymian hacken.
- Lege nun die Lachsscheiben in eine geölte Antihaft-Pfanne, gib eine zerdrückte Knoblauchzehe dazu und brate sie auf großer Flamme 2 Minuten auf jeder Seite.
- Nun die Tomaten und den Thymian dazugeben und weitere 6 Minuten kochen.

Herzhaftes Schnitzel mit Schinken und Käse

Schwierigkeitsgrad:	Zubereitung:	Kochzeiten:	Portionen:
sehr leicht	16 min	6 min	4 Personen

Zutaten

- 1 Zweig Rosmarin
- 4 Scheiben Schweinelende
- 4 Scheiben Provola
- Schwarzer Pfeffer
- Salz
- 20 g Butter
- 50 g gekochte Schinkenwürfel
- 2 Esslöffel Weizenmehl
- 2 Blätter Salbei

Zubereitung

- Zerkleinere die Schweinescheiben mit einem Fleischklopfer, um sie dünner zu machen.
- Gib das Mehl, Salz und Pfeffer in eine Schale.
- Lege das Fleisch darauf und wende es gut, um beide Seiten zu bemehlen.
- Nimm nun eine Pfanne, gib ein wenig Öl und ein Stück Butter hinein und lass es schmelzen.
- Wenn die Butter vollständig geschmolzen ist, füge 2 Salbeiblätter und etwas Rosmarin hinzu.
- Brate sie ein paar Sekunden an und entferne die Kräuter dann mit einer Zange.
- Gib das Fleisch in dieselbe Pfanne und brate es ein paar Sekunden lang an, damit sich eine Kruste bildet.
- Die restlichen Salbeiblätter hacken, ebenso den Rosmarin.
- Schneide den Provola-Käse in Scheiben.
- Nun das Fleisch auf einen Teller geben, den Provola-Käse, die Schinkenwürfel und die gehackten Kräuter dazugeben.
- Jetzt servieren und die Schnitzel genießen!

Hähnchenbrüste mit Senf und Kräutern

Schwierigkeitsgrad:	Zubereitung:	Kochzeiten:	Portionen:	Kosten:	Hinweis:
leicht	16 min	16 min	2 Personen	Niedrig	30 Minuten Marinierzeit

Zutaten

- Semmelbrösel
- 2 Blätter Salbei
- 1 Zweig Rosmarin
- 1 Zweig Petersilie
- Weißer Pfeffer
- 15 g Butter
- 3 Esslöffel Senf
- 300 g Hühnerbrust in Scheiben geschnitten
- Natives Olivenöl extra
- 1 Zitronensaft
- 1 Prise Salz

Zubereitung

- Nimm eine Schüssel, presse die Zitronen aus und gieße den Saft aus, gib 2 Esslöffel Olivenöl und eine Prise Salz dazu.
- Die Kräuter hacken und die Hälfte davon in die Schüssel geben. Lege die andere Hälfte beiseite.
- Kräftig umrühren.
- Nimm nun einen Behälter, lege die Hähnchenscheiben darauf und gieße die Marinadesauce darüber.
- Dies muss 30 Minuten lang ruhen.
- Nimm eine Pfanne, gieße etwas von der Marinadensauce ab und gib das abgetropfte Hähnchen hinein.
- Lass es kochen, bis das Huhn goldbraun ist.
- Füge Salz hinzu.
- Nun die Hähnchenbrüste abtropfen lassen, in einen Behälter geben und mit Senf bestreuen.
- Dann tauche sie in Semmelbrösel.
- Erhitze etwas Butter und ein wenig Öl in einer Pfanne und brate die Hähnchenscheiben ein paar Minuten lang an.
- Gib die beiseite gestellten Kräuter und Pfeffer hinzu.
- Die knusprigen Hähnchenbrüste auf einen Teller legen und genießen!

Putenschnitzel

Schwierigkeitsgrad:	Zubereitung:	Kochzeiten:	Portionen:
leicht	21 min	11 min	2 Personen

Zutaten

- 1 Ei
- Natives Olivenöl extra
- 2 große Putenschnitzel
- Salz
- Schwarzer Pfeffer
- 1 kleine frische Chilischote
- 5 g Kapern in Salz
- 100 g Semmelbrösel
- Petersilie
- 50 g natives Olivenöl extra
- 15 g entsteinte schwarze Oliven
- 1 Knoblauchzehe
- 175 g Kirschtomaten
- 1 Knoblauchzehe
- 1 Teelöffel Oregano
- Natives Olivenöl extra
- Salz
- Schwarzer Pfeffer

Zubereitung

- Wasche und schneide die Kirschtomaten.
- Hacke eine Knoblauchzehe, füge Salz, Pfeffer und Oregano hinzu.
- Alles in eine Schüssel geben, mit Öl beträufeln, mit Folie verschließen und in den Kühlschrank stellen.
- Schneide nun den Chili, entferne die Kerne und hacke ihn fein.
- Wasche die Kapern und Oliven und hacke sie mit einem Messer klein. In einer Schüssel beiseitestellen.
- Die Petersilie hacken.
- Nimm eine Pfanne und gib das Olivenöl, eine Knoblauchzehe, den gehackten Chili, die Oliven und die gehackten Kapern hinein.
- Eine Minute lang umrühren und dann die Semmelbrösel hinzufügen.
- Röste es gut über einer hohen Flamme.
- Vergiss nicht, den Knoblauch zu entfernen.
- Nun den Inhalt der Pfanne in eine Auflaufform geben, die Petersilie hinzufügen und abkühlen lassen.
- Nimm eine große Schüssel, schlage das Ei auf, füge Salz und Pfeffer hinzu und schlage die Zutaten schnell zusammen.
- Tauche die Putenscheiben in das Ei und dann in die Semmelbrösel und drücke sie gut fest, damit die Brösel am Fleisch haften.
- Brate die Schnitzel in einer Pfanne knusprig.
- Lass sie in Papiertüchern gut abtropfen, um überschüssiges Öl zu entfernen.
- Jetzt servieren und genießen!

Carpaccio vom Rind mit Rucola und Parmesan

Schwierigkeitsgrad:	**Zubereitung:**	**Portionen:**
leicht	16 min	2 Personen

Zutaten

- 50 g Rucola
- 200 g Rinderfilet
- 50 g Grana-Padano-Flocken
- 35 g Zitronensaft
- Schwarzer Pfeffer
- 50 ml natives Olivenöl extra
- Salz

Zubereitung

- Pressen Sie die Zitronen in einer Schüssel aus, um den Saft zu gewinnen, und fügen Sie dann Pfeffer, Salz und Öl hinzu.
- Mit einem Schneebesen gut verrühren.
- Lege den Rucola auf einen Teller und lege die mit einer Aufschnittmaschine sehr dünn geschnittenen Fleischscheiben darauf.
- Gib die Käseflocken dazu, gieße die zuvor zubereitete Sauce darüber und garniere sie mit Zitronenscheiben.
- Jetzt ist das Gericht bereit zum Genießen!

Rührei

Schwierigkeitsgrad:	Zubereitung:	Kochzeiten:	Portionen:
sehr leicht	6 min	6 min	2 Personen

Zutaten

- 4 Mittlere Eier
- Natives Olivenöl extra
- Salz
- Schwarzer Pfeffer

Zubereitung

- Schlage 4 Eier in einer Schüssel auf, füge Salz und Pfeffer hinzu und rühre kräftig, um die Zutaten gut zu vermischen.
- Erhitze nun etwas Öl in einer Bratpfanne und gib den Inhalt der Schüssel hinein.
- Wenn es anfängt zu kochen, zerbrich die Mischung mit einem Schöpflöffel und koche sie weiter.
- Serviere dein Rührei jetzt mit einem Stück getoastetem Brot!

Lachs-Burger

Schwierigkeitsgrad:	Zubereitung:	Kochzeiten:	Portionen:
leicht	16 min	4 min	2 Personen

Zutaten

- 200 g Lachsfilet
- 2 Esslöffel Semmelbrösel
- 1 frische Frühlingszwiebel
- 1 Esslöffel Gehackter Dill
- 1 Esslöffel milder Senf
- Natives Olivenöl extra
- 1 frischer Chili
- 1 Ei
- Salz
- Schwarzer Pfeffer

Zubereitung

- Entferne die Haut und die Gräten des Lachses und schneide ihn dann in Würfel.
- Schneide die Frühlingszwiebel, den Dill und die Hälfte der Chilischote und entferne die inneren Kerne.
- Gib die Lachswürfel in eine Schüssel, gib die Frühlingszwiebel, den Chili und den Dill dazu und mische alles gut durch.
- Passe Salz und Pfeffer an.
- Gib nun das Ei und die Semmelbrösel in die Schüssel und rühre vorsichtig, um die Zutaten zu vermischen.
- Nun formst du mit deinen Händen 2 Burger.
- Erhitze eine Bratpfanne mit etwas Öl und brate die Burger 3 Minuten pro Seite.
- Jetzt, wo die Burger fertig sind, kannst du sie mit Saucen deiner Wahl oder als Sandwich servieren!

Paprika mit Eiern

Schwierigkeitsgrad:	Zubereitung:	Kochzeiten:	Portionen:
leicht	16 min	11 min	2 Personen

Zutaten

- 2 Esslöffel natives Olivenöl extra
- 4 Eier
- ½ grüne Paprika
- ½ rote Paprika
- ½ gelbe Paprika
- Salz
- Schwarzer Pfeffer

Zubereitung

- Nimm Paprikaschoten, die eine sehr wellige Form haben, so dass sie beim Schneiden wie Blumen aussehen.
- Lege die rote, gelbe und grüne Paprika auf das Schneidebrett und schneide sie in etwa 2 cm dicke Scheiben, wobei du darauf achten musst, dass der Paprikaring nicht abbricht.
- Nimm eine antihaftbeschichtete Bratpfanne und gib etwas Öl hinein. Sobald sie heiß sind, gibst du die Paprikaringe hinein und lässt sie ein paar Sekunden auf beiden Seiten anbraten.
- Schlage ein Ei in einer Schüssel auf, aber achte darauf, dass das Eigelb nicht zerbricht.
- Gieße das Ei vorsichtig in den Pfeffer, der in der Pfanne liegt.
- Nun mit einem Deckel abdecken und kochen lassen.
- Zum Servieren das Eiweiß, das sich aus der Paprikaform gelöst hat, entfernen, salzen und pfeffern und genießen!

Scampi mit Tomaten und Semmelbröseln

Schwierigkeitsgrad:	Zubereitung:	Kochzeiten:	Portionen:
leicht	11 min	21 min	2 Personen

Zutaten

- 1 Esslöffel Petersilie zum Hacken
- 500 g Scampi
- Natives Olivenöl extra
- 150 g geschälte Tomaten
- Salz
- 10 g Semmelbrösel
- 1 Knoblauchzehe
- 1 frischer Chili

Zubereitung

- Wasche die Scampi und schneide mit einer Schere die Haut an Rücken und Bauch ab.
- Nimm eine Bratpfanne, gib etwas Öl hinein und brate eine Knoblauchzehe an.
- Füge auch eine Chilischote hinzu.
- Wenn der Knoblauch goldbraun ist, gibst du die Semmelbrösel hinzu und mischst sie schnell.
- Die Langustinen schnell dazugeben.
- Gib dann die geschälten und in kleine Stücke geschnittenen Tomaten dazu und lege den Deckel auf die Pfanne.
- Lass es 15 Minuten lang kochen.
- In der Zwischenzeit die Petersilie hacken.
- Nach 15 Minuten nimmst du den Knoblauch und den Chili aus der Pfanne.
- Serviere die Scampi und bestreue sie mit gehackter Petersilie.
- Genieße sie jetzt!

Schnitzelrollen

Schwierigkeitsgrad:	Zubereitung:	Kochzeiten:	Portionen:
sehr leicht	16 min	8 min	2 Personen

Zutaten

- 200 g Putenbrust
- Schwarzer Pfeffer
- 60 g gekochter Schinken
- 2 Eier
- 75 g Emmentaler
- Semmelbrösel
- Salz
- Erdnussöl

Zubereitung

- Zerkleinere das Fleisch mit einem Fleischklopfer, damit die Hähnchenscheiben dünner werden.
- In einer Schüssel zwei Eier aufschlagen, salzen und pfeffern und gut vermischen.
- Tauche die Putenscheiben in das Ei und dann auf beiden Seiten in Semmelbrösel.
- Lege nun auf jede Scheibe einen Käse und einen gekochten Schinken.
- Rolle die Rollen nach und nach auf und verschließe sie mit einem Zahnstocher.
- Brate sie in einer Pfanne mit Öl und wende sie oft, um sie gleichmäßig zu garen.
- Lege sie in saugfähige Papiertücher, um überschüssiges Öl zu entfernen.
- Serviere die Brötchen und genieße sie kochend heiß!

Schollenfilet in Sauce

Schwierigkeitsgrad:	Zubereitung:	Kochzeiten:	Portionen:
eicht	11 min	16 min	2 Personen

Zutaten

- 125 g Scholle (2 Filets)
- 200 g Passierte Tomaten
- 15 g natives Olivenöl extra
- 15 g entsteinte schwarze Oliven
- 10 g Weizenmehl
- 3 Blätter Basilikum
- 2 Zweige Oregano
- 1 Knoblauchzehe
- Schwarzer Pfeffer
- Salz

Zubereitung

- Schneide die schwarzen Oliven in dünne Ringe und gib sie mit Öl und der Knoblauchzehe in eine Pfanne.
- Die passierten Tomaten, Salz und Pfeffer hinzufügen.
- Etwa zehn Minuten bei schwacher Hitze kochen, dabei gelegentlich umrühren.
- Den Oregano hacken und mit Mehl, Salz und Pfeffer vermischen.
- Tauche die Schollenfilets in Mehl und achte darauf, dass du beide Seiten gut panierst.
- Erhitze ein wenig Öl in einer Pfanne und brate die Filets ein paar Minuten auf jeder Seite.
- Dann die Filets in die Pfanne mit der Sauce geben, weitere 2 Minuten kochen und mit Basilikumblättern garniert servieren.

Schweinekoteletts mit Zitrone

Schwierigkeitsgrad:	Zubereitung:	Kochzeiten:	Portionen:
sehr leicht	16 min	11 min	2 Personen

Zutaten

- 2 Schweinekoteletts
- 2 Zweige Thymian
- Schale einer halben Zitrone
- Salz
- 20 g natives Olivenöl extra
- 50 ml Rotbier
- 20 g Butter
- ½ Knoblauchzehe
- 1 Zweig Rosmarin

Zubereitung

- Die Kräuter und den Knoblauch hacken und die Zitronenschale abreiben.
- Lege das Fleisch auf ein Schneidebrett und gib Salz und Pfeffer dazu.
- Erhitze nun eine Pfanne mit etwas Öl und gib das Fleisch hinein, brate es 6 Minuten auf jeder Seite. Lege das Fleisch beiseite.
- In dieselbe Pfanne die gehackten Kräuter und Butter geben. Lass es eindicken.
- Das Fleisch auf einen Teller geben und die sauce darüber gießen.
- Und jetzt genieße es heiß!

Schollenfilets mit Kräutern

Schwierigkeitsgrad:	Zubereitung:	Kochzeiten:	Portionen:
sehr leicht	11 min	21 min	2 Personen

Zutaten

- 2 Blätter Salbei
- 2 Zweige Thymian
- 1 Zitrone
- 150 g frische Frühlingszwiebeln
- Natives Olivenöl extra
- Salz
- 200 g Schollenfilets
- Schwarzer Pfeffer
- 1 Zweig Rosmarin

Zubereitung

- Schneide die Enden der Frühlingszwiebeln ab, dann schneide sie in dünne Scheiben und wasche sie unter Wasser.
- Nimm nun eine Auflaufform, gib Öl, Salz und Pfeffer hinzu und mische alles gut durch. Beiseitelegen.
- Schneide den Salbei, Thymian und Rosmarin mit einem Messer klein. Schneide die Zitrone in sehr dünne Scheiben.
- Fette ein Backblech mit Olivenöl ein. Die Schollenfilets darauflegen und mit Pfeffer, Salz und gehackten Kräutern würzen.
- Lege die Frühlingszwiebeln und Zitronenscheiben zwischen jedes Filet. Bei 220° 20 Minuten lang backen.
- Jetzt servieren und genießen!

Kabeljau-Burger

Schwierigkeitsgrad:	Zubereitung:	Kochzeiten:	Portionen:
leicht	16 min	11 min	2 Stück

Zutaten

- 300 g Kabeljaufilet
- 1 Esslöffel
- 1 Esslöffel geriebene Thymian Zitronenschale
- 1 Esslöffel Petersilie zum Hacken
- Schwarzer Pfeffer
- Salz
- Semmelbrösel
- Weizenmehl
- 1 Ei
- Schwarzer Pfeffer
- Salz
- Sonnenblumenöl

Zubereitung

- Spüle die Kabeljaufilets ab, trockne sie gründlich und entgräte sie mit einer Küchenzange.
- Schneide die Filets in kleine Stücke, damit sie in einem Mixer zu einem homogenen Brei verarbeitet werden können.
- Das Fruchtfleisch in eine Schüssel geben und Pfeffer, Salz, gehackte Petersilie, geriebene Zitronenschale und Thymian hinzufügen. Umrühren, um alle Aromen zu kombinieren.
- Verwende eine runde Form mit einem Durchmesser von etwa 7 cm, um den Fischburger herzustellen.
- Gib die Hälfte der Mischung in die erste Form und drücke sie nach unten, um den Burger zu formen.
- Entferne die Schablone und wiederhole den Vorgang für den zweiten Burger.
- Schlage das Ei in einer Schüssel mit Pfeffer und Salz auf.
- Tauche die Burger zuerst in Mehl, dann in Eier und schließlich in Semmelbrösel.
- Erhitze das Öl in einer Pfanne auf etwa 180° C, tauche die Burger darin ein und brate sie 4 Minuten pro Seite.
- Wenn die Burger gar sind, lass sie auf Papiertüchern abtropfen.

Kalbfleisch mit Gemüse

Schwierigkeitsgrad:	Zubereitung:	Kochzeiten:	Portionen:
sehr leicht	11 min	16 min	2 Personen

Zutaten

- 200 g Kalbfleisch in Scheiben
- 30 g Sojabohnensprossen
- 50 g rote Zwiebeln
- 100 g grüne Bohnen
- 50 g gelbe Paprika
- 50 g rote Paprika
- 25 g Cashewnüsse
- 20 g Sojasauce
- 3 Esslöffel natives Olivenöl extra
- 2 Esslöffel Weizenmehl
- Salz

Zubereitung

- Wasche die rote Paprika und halbiere sie, entferne die inneren Fäden und Kerne.
- Dann schneide sie in dünne Streifen.
- Wiederhole den gleichen Vorgang mit der gelben Paprika.
- Entferne das Ende der Frühlingszwiebel, entferne die äußere Schicht und schneide sie fein.
- Wasche die Bohnen, entferne die Enden und schneide sie in Rautenform.
- Erhitze einen Wok auf großer Flamme, gib einen Esslöffel Öl hinein und brate die Cashews 60 Sekunden lang.
- Entferne die Cashews.
- Gieße einen weiteren Esslöffel Öl hinein und füge alle zuvor geschnittenen Gemüse hinzu.
- Salz hinzugeben und unter Rühren etwa zehn Minuten lang auf hoher Flamme kochen lassen.
- Schneide die Kalbfleischscheiben in etwa 2 cm breite Streifen.
- Nimm eine Schüssel und mische Mehl und Salz zusammen, gib das Fleisch in die Schüssel und bemehle es gut.
- Nachdem das Gemüse 10 Minuten gekocht wurde, nimm es aus dem Wok und lege es beiseite.
- Gib nun einen weiteren Esslöffel Öl hinzu und füge die Hähnchenstreifen hinzu.
- Koche ein paar Minuten und gib dann die Sojasauce in den Wok.
- Gib ein wenig Wasser in den Wok, damit eine dicke, cremige Konsistenz entsteht.
- Die gesamte Sauce, die sich während des Kochens gebildet hat, zum Servieren verwenden.

Meeresfrüchte-Spieße

Schwierigkeitsgrad:	Zubereitung:	Kochzeiten:	Portionen:
leicht	21 min	11 min	4 Stück

Zutaten

- 250 g gesäuberter Calamari
- 150 g Tintenfisch (ca. 4)
- 4 Shrimps
- 4 Tomaten
- 20 ml Weißwein
- 1 Esslöffel natives Olivenöl extra
- Salz
- 25 g Semmelbrösel
- 1 Esslöffel natives Olivenöl extra
- 2 Esslöffel Gehackte Petersilie
- 1 Knoblauchzehe
- Schwarzer Pfeffer

Zubereitung

- Säubere den Tintenfisch gründlich.
- Schneide den Tintenfisch in der Mitte des Beutels ein, damit du ihn öffnen und in rechteckige Stücke schneiden kannst.
- Schneide den Calamari in Streifen, die nicht breiter als ein paar Zentimeter sind.
- Säubere auch die Garnelen, indem du den Kopf und die Schale entfernst. Entferne die Därme (den schwarzen Faden am Rücken der Garnele).
- Schneide die Kirschtomaten in zwei Hälften.
- Fädle abwechselnd Tintenfisch und Calamari auf die Spieße, dann eine halbe Kirschtomate, eine Garnele und Tintenfisch und wieder Calamari.
- Schließe den Spieß mit einer weiteren Kirschtomatenhälfte.
- Wiederhole den Vorgang für alle Spieße.
- Mische die Semmelbrösel mit Petersilie, Knoblauch, Pfeffer und etwas Öl.
- Tauche die Spieße auf beiden Seiten in die Semmelbrösel.
- Erhitze eine Pfanne mit ein paar Esslöffeln nativem Olivenöl bei starker Hitze. Die Spieße 5/6 Minuten Kochzeiten, die Spieße umdrehen und weitere 5 Minuten garen.

Hähnchenschnitzel mit Balsamico-Essig

Schwierigkeitsgrad:	Zubereitung:	Kochzeiten:	Portionen:	Hinweis:
leicht	21 min	11 min	2 Personen	mehr als 1 Stunde Ruhezeit zum Marinieren

Zutaten

- 250 g Hähnchenbrust
- 50 ml natives Olivenöl extra
- 10 ml Zitronenlikör
- 1 Esslöffel Balsamico-Essig
- Saft einer halben Zitrone
- 2 Lorbeerblätter
- 1 Knoblauchzehe
- 1 Zweig Thymian
- 1 Zweig Rosmarin
- Schwarzer Pfeffer
- Salz

Zubereitung

- Bereite eine Schüssel mit Olivenöl und dem Saft einer halben Zitrone vor.
- Füge auch Rosmarin, Lorbeer, Thymian, Balsamico-Essig und Zitronenlikör hinzu.
- Mische alles gründlich.
- Entferne das Fett von der Hähnchenbrust und schneide sie dann in etwa 1 cm dicke Scheiben.
- Tauche die Scheiben in die Schüssel mit allen Aromen.
- Drehe sie um, um sie von allen Seiten zu würzen.
- Bedecke die Schüssel mit Frischhaltefolie und stelle sie für mindestens 1 Stunde in den Kühlschrank.
- Nimm eine Pfanne und gieße etwas Öl hinein, lass das Öl abtropfen und gib eine Knoblauchzehe hinein. Brate den Knoblauch etwa 30 Sekunden lang, nimm ihn dann heraus und gib die Hähnchenscheiben dazu.
- Drehe sie um, damit beide Seiten gut durchgebraten werden.

Garnelen mit Kokosnuss-Aroma

Schwierigkeitsgrad:	Zubereitung:	Kochzeiten:	Portionen:
leicht	21 min	11 min	2 Personen

Zutaten

- 500 g Shrimps
- 75 g Kokosnussmehl
- 75 g Reismehl
- 2 Eier
- Salz
- 100 g Sonnenblumenöl
- 50 g Sojamilch
- 5 g Tomatenkonzentrat
- 5 g Limettensaft
- 3 g Roter Curry
- Salz
- 1 l Erdnussöl

Zubereitung

- Gib Sonnenblumenöl, Limettensaft und Sojamilch in einen Mixer. Salz hinzufügen und pürieren, bis die Mischung dickflüssig ist.
- Verteile die Sauce auf 3 Schüsseln.
- Lass eine Schüssel ungewürzt.
- In der zweiten das Tomatenmark hinzufügen und gründlich umrühren.
- In die dritte Schüssel gibst du den roten Curry und mischst ihn.
- Säubere die Garnelen: Entferne den Kopf, die Beine und die Eingeweide auf dem Rücken.
- Nimm 3 Backformen und fülle sie wie folgt: Reismehl, verquirlte Eier, Kokosnussmehl.
- Die verquirlten Eier salzen.
- Die Garnelen durchlaufen diesen Prozess: erst mehlieren, dann in verquirltes Ei tauchen und dann in Kokosmehl.
- Erhitze das Erdnussöl in einem Topf und bringe das Öl auf eine Temperatur von etwa 180°C.
- Tauche die Garnelen nach und nach ein und lass sie 1 Minute lang braten.
- Lass die Garnelen abtropfen und lass sie auf saugfähigem Papier trocknen.
- Serviere die gebratenen Garnelen mit den 3 zuvor zubereiteten Saucen.

Aromatisiertes Rindfleisch in Scheiben

Schwierigkeitsgrad:	Zubereitung:	Kochzeiten:	Portionen:
leicht	6 min	9 min	2 Personen

Zutaten

- 250 g Rinderhüfte
- Natives Olivenöl extra
- Schwarzer Pfeffer
- Salz
- 2 Zweige Majoran
- 2 Zweige Rosmarin
- 2 Zweige Thymian
- 4 Salbeiblätter

Zubereitung

- Nimm eine etwa 4 cm hohe Scheibe Rinderhüfte.
- Die Gewürze vorbereiten: Rosmarinnadeln, Majoran, Salbeiblätter, Thymian und Petersilie auf ein Schneidebrett legen und fein hacken.
- Halte das Hackfleisch in einer Schüssel mit Salz, schwarzem Pfeffer und Olivenöl und vermische alle Zutaten in der Schüssel. Streiche die Gewürze auf beide Seiten der Fleischscheibe.
- Erhitze eine Herdplatte über einer hohen Flamme und streue grobes Salz darüber.
- Lege die Fleischscheibe nur auf die heiße Platte und brate sie etwa 4 Minuten pro Seite, wobei die Farbe innen rosa bleiben sollte.
- Wenn das Fleisch gar ist, lege es auf ein Schneidebrett und schneide es in etwa 1 cm dicke Scheiben.

Geschnittenes Rindfleisch mit Balsamico-Essig

Schwierigkeitsgrad:	Zubereitung:	Kochzeiten:	Portionen:
leicht	6 min	11 min	2 Personen

Zutaten

- 400 g Rinderfilet
- Salz
- Schwarzer Pfeffer
- 2 Esslöffel natives Olivenöl extra
- 4 Wacholderbeeren
- 240 ml Balsamico-Essig
- 2 Zimtstangen

Zubereitung

- Denk daran: Nimm das Fleisch mindestens 1 Stunde vor dem Kochen heraus (dann bekommst du ein besseres Gericht).
- Erhitze den Balsamico-Essig in einem kleinen Topf bei niedriger Hitze und gib den Zimt und die Wacholderbeeren hinzu.
- Koche, bis die Sauce um die Hälfte reduziert ist, und passiere die Sauce dann durch ein Sieb.
- Erhitze eine Grillpfanne bei starker Hitze mit zwei Esslöffeln Olivenöl.
- Wenn die Grillpfanne sehr heiß ist, grille das Fleisch etwa 2 Minuten auf jeder Seite, so dass das Innere rosa bleibt, und würze es auf beiden Seiten mit Salz und Pfeffer.
- Schneide das Fleisch in 2/3 cm dicke Scheiben und beträufle das Fleisch mit der Balsamico-Essig-Sauce.

Hähnchenspieße

Schwierigkeitsgrad:	Zubereitung:	Kochzeiten:	Portionen:
leicht	21 min	11 min	2 Personen

Zutaten

- 400 g Hähnchenbrust
- 125 g Zucchini
- 75 g Champignons
- 12 dünne Scheiben geräucherter Speck (120 g)
- 2 Zweige Rosmarin

Zubereitung

- Schneide die Hähnchenbrust in etwa 3 cm große Würfel pro Seite, sodass 12 Würfel entstehen.
- Wasche die Zucchini, entferne die beiden Enden und schneide sie in etwa 1 cm dicke Scheiben (12 Scheiben).
- Schneide auch die Champignons in 1 cm dicke Scheiben (12 Scheiben).
- Brich den Rosmarin in 12 gleiche Teile.
- Wickle eine Scheibe Speck um jeden Hähnchenwürfel.
- Ziehe die beschichtete Nuss durch einen Spieß.
- Gib die Zucchinischeibe und die Champignonscheibe auf den Spieß.
- Wiederhole den Vorgang insgesamt 12 Mal.
- Erhitze nun eine Grillplatte großzügig und gib die Spieße hinein.
- Bei mittlerer Hitze kochen, so dass der Speck allmählich zergeht, alle Spieße ständig wenden und etwa 15 Minuten lang kochen.

Rindfleischscheiben mit Tomate

Schwierigkeitsgrad:	Zubereitung:	Kochzeiten:	Portionen:
leicht	6 min	11 min	2 Personen

Zutaten

- 4 Scheiben Rindfleisch (300 g)
- 125 g passierte Tomaten
- 2 Esslöffel natives Olivenöl extra
- 15 g Butter
- 1 Schalotte
- 1 Knoblauchzehe
- 1 Zweig Majoran
- 1 Zweig Thymian
- Schwarzer Pfeffer
- Salz

Zubereitung

- Schalotten hacken.
- Erhitze eine Pfanne mit Öl und Butter, gib den zuvor zerdrückten Knoblauch und die gehackten Schalotten hinzu und koche sie fünfzehn Minuten lang.
- Das Fleisch in die Pfanne geben und von beiden Seiten anbraten, dann Thymian und Majoran hinzufügen.
- Nun das Tomatenmark dazugeben und 5 Minuten auf großer Flamme kochen, nach 5 Minuten mit Salz und Pfeffer würzen.
- Serviere die Scheiben mit ihrem eigenen Bratensaft beträufelt.

Gebratene Hähnchenflügel

Schwierigkeitsgrad:	Zubereitung:	Kochzeiten:	Portionen:
leicht	21 min	11 min	6 Stück

Zutaten

- 6 Chicken Wings
- 1 Teelöffel Paprika süß
- 1 Teelöffel getrockneter Thymian
- 1 Esslöffel gehackte Petersilie
- 2 Esslöffel Weizenmehl
- 1 Ei
- Erdnussöl
- Schwarzer Pfeffer
- Salz

Zubereitung

- Schlage das Ei in einer Schüssel mit Salz und Pfeffer auf.
- Säubere die Hühnerhaut und entferne dann die Haare mit einer Küchenpinzette, wenn möglich, sonst brennst du sie mit dem Feuer des Herdes ab.
- Spüle die gesäuberten Hähnchenflügel gründlich ab und trockne sie dann vorsichtig mit Küchenpapier.
- Nimm eine Schüssel und mische darin: Mehl, Salz, Pfeffer, gehackte Petersilie, Thymian und Paprika.
- Gib die Hähnchenflügel nun in die Schüssel mit dem verquirlten Ei und tauche sie dann in die Schüssel mit dem gewürzten Mehl, um sie mit Semmelbröseln zu bestreuen.
- Erhitze reichlich Öl in einer großen Pfanne.
- Teste die Temperatur, indem du einige Mehlkrümel in das Öl fallen lässt: Wenn sie anfangen zu braten, ist die Temperatur in Ordnung.
- Tauche nun jeweils ein paar Hähnchenflügel ein (wenn die Größe der Pfanne es zulässt).
- Brate jedes Flügelpaar 10 Minuten lang, wobei du sie natürlich ein paar Mal umdrehst.
- Lass die Hähnchenflügel in einer Lage Papiertücher abtropfen.

Currywurst

Schwierigkeitsgrad:	Zubereitung:	Kochzeiten:	Portionen:
leicht	11 min	21 min	2 Personen

Zutaten

- 2 Kalbsbratwurst
- 1 Esslöffel Curry
- 125 g passierte Tomaten
- 125 g Ketchup
- 2 Teelöffel Curry
- 1 Teelöffel Paprika
- 1 Teelöffel Paprika süß
- 1 Zwiebeln
- 1 Kelle heißes Wasser
- Natives Olivenöl extra
- Salz
- 100 g Süßkartoffeln
- 100 g Kartoffeln
- Salz
- Öl

Zubereitung

- Die Zwiebel fein hacken und 30 Sekunden in einer Pfanne mit etwas Öl anbraten, dann Paprika, Ketchup und passierte Tomaten dazugeben, die Sauce abtropfen lassen und dann das Curry hinzufügen.
- Mit Salz würzen und zwei Kellen heißes Wasser hinzufügen. Koche, bis du eine dicke Creme erhältst.
- Schäle die Süßkartoffeln und schneide sie in etwa 1 cm breite und 7 cm lange Stangen.
- Schäle nun die Süßkartoffeln und schneide sie in dünne Scheiben, um Chips zu formen.
- Erhitze das Kernöl auf etwa 180° und frittiere zuerst die klassischen Chips und dann die süßen Chips. Auf einer Lage Papiertüchern abtropfen lassen.
- Koche einen Topf mit Wasser und einem Löffel Currypulver, gib die Würstchen hinein und koche sie etwa 6 Minuten lang, dann lass sie abtropfen und koche sie eine Minute lang auf einer heißen Platte, damit sie knusprig werden.
- Serviere die Würstchen mit der vorbereiteten Sauce und den Pommes frites.

Würzige Würstchen

Schwierigkeitsgrad:	Zubereitung:	Kochzeiten:	Portionen:
sehr leicht	11 min	21 min	2 Personen

Zutaten

- 250 g Würstchen
- 1 Knoblauchzehe
- 1 Lorbeerblatt
- 1 Zweig Rosmarin
- Natives Olivenöl extra
- Schwarzer Pfeffer
- Salz

Zubereitung

- Wenn die Würste mit einer Schnur zusammengebunden sind, kannst du sie aufteilen.
- Erhitze etwas Öl in einer Pfanne und brate die Würste zusammen mit dem Knoblauch, dem Rosmarin und dem Lorbeerblatt an.
- Koche die Würstchen 10 Minuten lang und wende sie, sobald sie anfangen, an der Seite zu rösten.
- Nach 10 Minuten den Knoblauch, den Rosmarin und das Lorbeerblatt entfernen, die Hitze reduzieren und weitere 10 Minuten zugedeckt kochen.

Seezunge mit Butter und Salbei

Schwierigkeitsgrad:	Zubereitung:	Kochzeiten:	Portionen:
leicht	16 min	11 min	2 Personen

Zutaten

- 2 mittelgroße Seezungen
- 75 g Butter
- 6 Salbeiblätter
- Weizenmehl
- Schwarzer Pfeffer
- Salz

Zubereitung

- Säubere, häute und wasche die Seezunge und trockne sie dann gründlich.
- Die Seezunge auf beiden Seiten bemehlen.
- Die Butter in einer Pfanne mit den Salbeiblättern schmelzen, die Seezunge in die Pfanne geben und auf jeder Seite etwa 4 Minuten braten.
- Wenn sie gar sind, salzen und pfeffern und die geschmolzene Butter, die in der Pfanne geblieben ist, über die Seezunge gießen.

Burger-Trio

Schwierigkeitsgrad:	Zubereitung:	Portionen:
sehr leicht	21 min	3 Stück

Zutaten

- 180 g Rinderhackfleisch
- Schwarzer Pfeffer
- Salz
- 180 g Rinderhackfleisch
- Rosmarin
- Thymian
- Salbei
- Schwarzer Pfeffer
- Salz
- 165 g Rinderhackfleisch
- 45 g Edamer
- Schwarzer Pfeffer
- Salz

Zubereitung

- Das Hackfleisch auf 3 Schalen aufteilen (A. 180 g + B. 180 g + C. 165 g)
- In Schüssel A Salz und Pfeffer hinzufügen und mit den Händen vermengen.
- Bereite eine Lage Backpapier vor, lege eine runde Form mit einem Durchmesser von etwa 10 cm darauf, gieße den Inhalt von Schüssel A hinein und zerdrücke ihn gleichmäßig, dann entferne die Form.
- Hacke Rosmarin, Thymian und Salbei klein und gib sie in Schüssel B. Vermenge sie mit den Händen.
- Verwende erneut die Schablone und forme den zweiten Fleischburger auf dem Backpapier.
- Den Edamer-Käse in große Flocken reiben und in Schüssel C geben, salzen und pfeffern und mit den Händen vermischen.
- Verwende erneut die Schablone und forme den dritten Fleischburger auf dem Backpapier.
- Jetzt ist das Hamburger-Trio bereit zum Kochen!

Kalbfleisch mit Safran

Schwierigkeitsgrad:	Zubereitung:	Kochzeiten:	Portionen:
leicht	6 min	11 min	2 Personen

Zutaten

- 300 g Scheiben vom Kalb
- 0,5 l Gemüsebrühe
- 50 g Sahne
- 25 g Weizenmehl
- 0,15 g Safran (1 Päckchen)
- Gehackte Petersilie
- Natives Olivenöl extra
- Salz

Zubereitung

- Die Kalbsschnitzel klopfen und mit Salz würzen.
- Beide Seiten bemehlen und getrennt aufbewahren.
- Erhitze die Gemüsebrühe in einem Topf und füge das Safransäckchen hinzu, um es zu würzen.
- Erhitze nun etwas Öl in einer Pfanne, gib die Kalbsscheiben hinein und brate sie auf großer Flamme für 2/3 Minuten pro Seite.
- Dann fügst du die Gemüsebrühe und die Sahne hinzu, drehst die Hitze herunter und kochst weitere 5 Minuten, wobei du einen Deckel auflegst.
- Nach 5 Minuten nimmst du den Deckel ab, drehst die Hitze hoch und kochst weiter, bis die Creme dickflüssig ist. Dann kannst du den Herd ausschalten und mit gehackter Petersilie servieren.

Aromatisiertes Kalbfleisch

Schwierigkeitsgrad:	Zubereitung:	Kochzeiten:	Portionen:
sehr leicht	11 min	11 min	2 Personen

Zutaten

- 280 g Rindernuss (4 Scheiben)
- 20 g natives Olivenöl extra
- 30 g Butter
- 2 Zweige Thymian
- Weizenmehl
- Schwarzer Pfeffer
- Salz

Zubereitung

- Schlage die Fleischscheiben.
- Schmelze die Butter in einer Pfanne mit den Thymianzweigen.
- Bemehle das Fleisch auf beiden Seiten und lege die Scheiben in die Pfanne.
- Bei mittlerer Hitze ca. 5 Minuten kochen, dann die Scheiben wenden, nun weitere 2 Minuten bei mittlerer Hitze kochen, damit die Sahne einzieht und eindickt.
- Vor dem Servieren mit Salz und Pfeffer würzen.

Schollenfrikadellen

Schwierigkeitsgrad:	Zubereitung:	Kochzeiten:	Portionen:
leicht	16 min	12 min	8 Stück

Zutaten

- 375 g Kräuter
- 110 g Schollenfilets
- 50 g Kuhmilch-Ricotta
- 20 g Semmelbrösel
- 2 Stränge Schnittlauch
- 1 Knoblauchzehe
- Natives Olivenöl extra
- Salz
- 20 g Semmelbrösel

Zubereitung

- Einen Topf mit Wasser zum Kochen bringen, die Schollenfilets hineingeben und 1 Minute lang kochen, abgießen und mit einem Messer zerkleinern.
- Das Schollenfleisch vorsichtig abtropfen lassen und mit dem Ricotta in eine Schüssel geben, den Schnittlauch hacken und in die Schüssel geben, dann würzen und alle Zutaten gut vermischen.
- Jetzt kannst du die Fleischbällchen zubereiten, wir empfehlen etwa 15 g pro Stück. Sobald sie fertig sind, tauchst du sie alle in 20 g Semmelbrösel, um die Panade zu machen.
- Schneide die Stängel von den Kräutern und wasche sie.
- Erhitze eine Pfanne mit Olivenöl und Knoblauch, gib die noch feuchten Kräuter dazu und brate sie etwa 5 Minuten bei mittlerer Hitze.
- Nach 5 Minuten kannst du das Feuer ausmachen.
- Erhitze nun ein wenig Öl in einer anderen Pfanne und brate die Pattys etwa 5 Minuten lang.
- Wenn alle Zutaten gar sind, kannst du sie servieren, indem du eine Schicht aus Kräutern anrichtest und die Pattys darauf legst.

Ummantelte Würstchen

Schwierigkeitsgrad:	Zubereitung:	Kochzeiten:	Portionen:
sehr leicht	16 min	11 min	2 Personen

Zutaten

- 2 Würstchen
- 100 g Brotteig

Zubereitung

- Teile den Brotteig in zwei Teile, also 50 g pro Stück, und rolle ihn zu einem Rechteck aus, das groß genug ist, um die Wurst einzuwickeln.
- Nun wickelst du die Wurst vollständig in den Teig ein.
- Schneide die Oberfläche des Teigs kreuzweise ein.
- Bei 200° C 10 Minuten lang backen.

Schwertfisch-Tartar

Schwierigkeitsgrad:	Zubereitung:	Portionen:
sehr leicht	16 min	2 Personen

Zutaten

- 150 g Schwertfischfilet
- 75 g Kirschtomaten
- 60 g natives Olivenöl extra
- 15 g Schalotte
- 2 g Petersilie
- 2 g Basilikum
- 2 g Majoran
- 2 g Kapern
- 1 Zitrone
- 1 g Minze
- Schwarzer Pfeffer
- Salz

Zubereitung

- Die Schalotten und Kapern fein hacken.
- Mach das Gleiche mit Petersilie, Basilikum, Majoran und Minze.
- Reibe die Zitronenschale ab und bewahre sie auf, dann presse den Zitronensaft in ein Gefäß aus.
- Salz, Pfeffer und Öl hinzufügen.
- Verwende einen Mixer, um alles zu pürieren.
- Schneide alle Kirschtomaten in 4 Teile, so dass du die Kerne entfernen kannst. Dann schneide sie in kleine Würfel.
- Nimm das Schwertfischfilet und entferne die äußere Haut. Schneide das Filet auch in kleine Würfel.
- Mische: Schwertfisch, Kirschtomaten, Kräuter, Kapern und Zitronenschale.
- Das Tartar auf einen Teller geben und mit der Zitronencreme servieren.

Assaggini vom Seehecht

Schwierigkeitsgrad:	Zubereitung:	Kochzeiten:	Portionen:
sehr leicht	6 min	6 min	2 Personen

Zutaten

- 200 g Seehechtfilets
- 20 g Butter
- 40 g ganze, geschälte Haselnüsse
- 3 Salbeiblätter
- 1 Limette
- Schwarzer Pfeffer
- Salz

Zubereitung

- Schneide jedes Filet in 3 oder 4 Stücke, um mundgerechte Stücke zu erhalten.
- Bewahre den Fisch im Kühlschrank auf, während du mit dem Rest des Rezepts weitermachst.
- Gib die Haselnüsse in eine Pfanne und brate sie etwa 5 Minuten auf kleiner Flamme. Nach 5 Minuten die Haselnüsse herausnehmen und zum Abkühlen beiseitestellen.
- In der gleichen Pfanne die Butter mit den Salbeiblättern schmelzen.
- Sobald die Butter geschmolzen ist, die Seehechtstücke dazugeben und die Hälfte der Limettenschale darüber reiben.
- Drücke die Limette in die Pfanne und würze sie mit Salz und Pfeffer.
- Drehe nun die Hitze auf mittlere bis hohe Stufe und koche die Häppchen 5 Minuten lang, wobei du sie gelegentlich mit einer Zange wendest.
- Jetzt ist der Seehecht bereit zum Servieren, also nimm einen Löffel zur Hand und gib die Häppchen auf die Teller.
- Gieße die kochende Brühe über sie.
- Die Haselnüsse mit einem Messer hacken und die Krümel über den Seehecht streuen.
- Reibe die letzte Hälfte der Limettenschale ab und schon ist das Gericht servierfertig!

Schweinefleisch mit Roquefort

Schwierigkeitsgrad:	Zubereitung:	Kochzeiten:	Portionen:
leicht	16 min	11 min	2 Personen

Zutaten

- 400 g Schweinelende
- 25 g Butter
- 4 Salbeiblätter
- 4 Scheiben Speck
- Natives Olivenöl extra
- Salz
- 30 g Roquefort (oder Gorgonzola)
- 125 ml Sahne
- Salz

Zubereitung

- Schneide die Schweinelende in 2 Filets zu je 200 g.
- Lege jedes Filet mit einer Scheibe Speck aus, lege ein Salbeiblatt auf jede Seite des Filets und wickle es dann mit einer weiteren Scheibe Speck ein.
- Binde die Filets mit Küchengarn zusammen, damit sie sich während des Kochens nicht öffnen.
- Gieße Öl und Butter in eine Pfanne und brate sie 30 Sekunden lang bei niedriger Hitze.
- Jetzt kannst du die Filets hinzufügen und bei mittlerer Hitze 5 Minuten pro Seite garen.
- Schneide den Roquefort- (oder Gorgonzola-) Käse in kleine Stücke.
- Wenn die Filets 5+5 Minuten gegart sind, nimm sie aus der Pfanne und bewahre sie separat auf.
- In der gleichen Pfanne die flüssige Sahne und den Käse auf mittlerer Flamme zum Schmelzen bringen und unter langsamem Rühren eindicken lassen.
- Wenn du eine homogene Creme hast, hast du alle Zutaten fertig.
- Die Filets auf Tellern anrichten und den Frischkäse darüber träufeln.

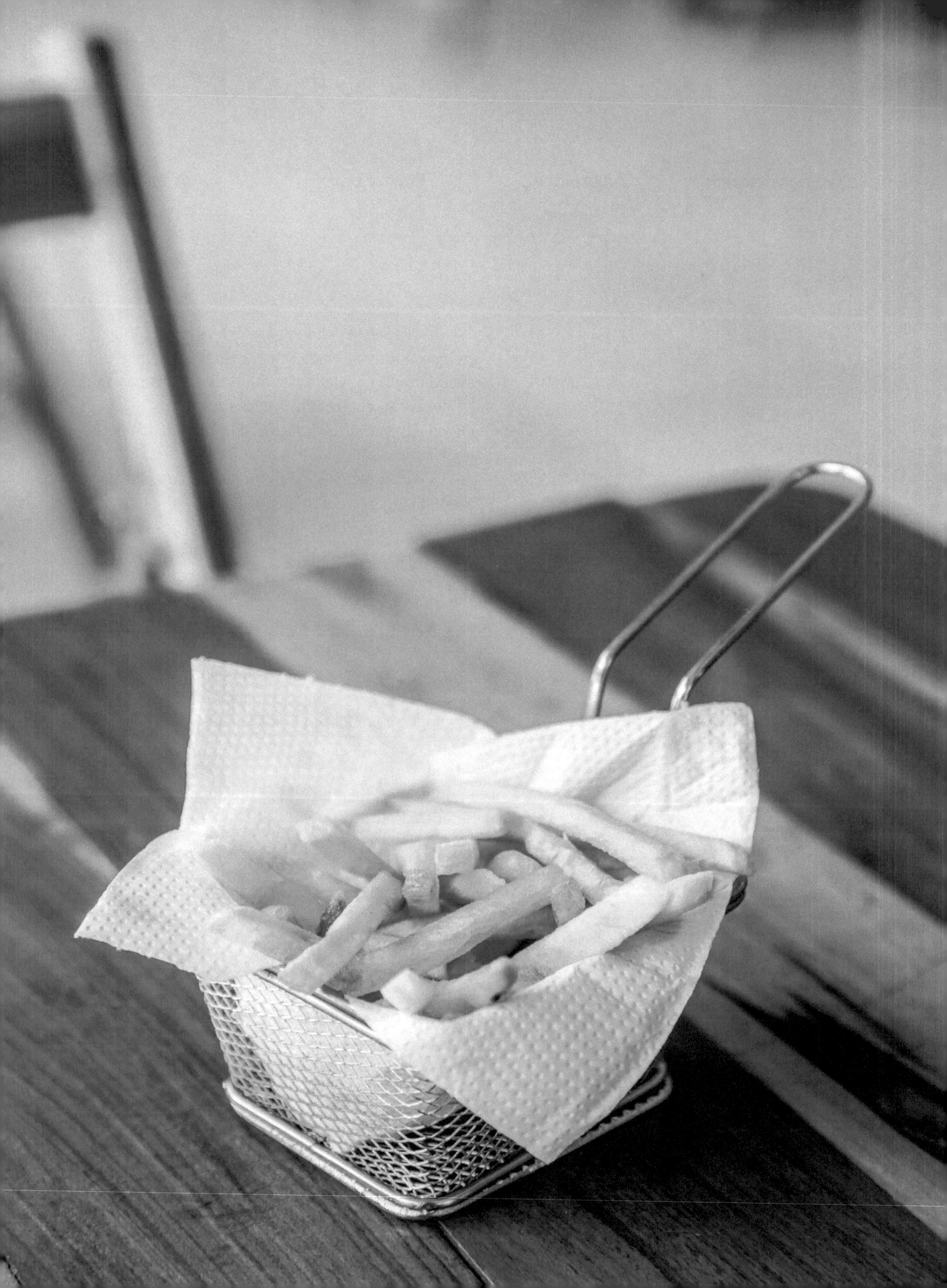

BEILAGEN

Gebratener Fenchel

Schwierigkeitsgrad:	Zubereitung:	Kochzeiten:	Portionen:
sehr leicht	6 min	12 min	2 Personen

Zutaten

- Thymian
- 450 g Fenchel (ca. 2)
- Majoran
- 8 g natives Olivenöl extra
- Himalayasalz
- Rosa Pfeffer

Zubereitung

- Nimm die Fenchel, wasche sie und schneide den Boden und die Stängel ab.
- Dann schneide sie in Keile.
- Nimm eine Pfanne, erhitze etwas Olivenöl und gib den Fenchel hinein.
- Auf mittlerer Flamme 6 Minuten kochen.
- Salze die Fenchel großzügig mit Himalaya-Salz (diese Salzart verleiht Farbe, hat aber im Vergleich zu normalem Salz wenig Geschmack).
- Majoranblätter in die Pfanne geben und weitere 6 Minuten kochen lassen.
- Kochend heiß servieren!

Gegrillte Austernpilze

Schwierigkeitsgrad:	Zubereitung:	Kochzeiten:	Portionen:
sehr leicht	16 min	6 min	2 Personen

Zutaten

- 1 Teelöffel Apfelessig
- Salz
- 300 g Austernpilze
- 30 ml natives Olivenöl extra
- 1 Teelöffel Zitronenschale
- 3 Blätter Minze
- 5 ml Zitronensaft
- Rucola
- Dünn geschnittene Zitronen

Zubereitung

- Nimm die Pilze und achte darauf, dass du sie gründlich von der Erde befreist.
- Trenne die Stängel mit einem Messer von der Kappe.
- Beiseitelegen.
- Gib Zitronensaft, natives Olivenöl, eine Prise Salz, Zitronensaft und schließlich die drei gehackten Minzblätter in eine Schüssel.
- Gut mischen und zum Würzen der Pilze beiseitestellen.
- Erhitze den Grill, lege die Pilze darauf und brate sie ein paar Minuten auf beiden Seiten, bis sie gar sind.
- Die Pilze auf einem Teller anrichten und mit dem vorbereiteten Dressing anrichten, mit Rucola und Zitronenscheiben garnieren.
- Kochend heiß servieren.

Pommes frites

Schwierigkeitsgrad:	Zubereitung:	Kochzeiten:	Portionen:
sehr leicht	11 min	16 min	2 Personen

Zutaten

- 400 g Kartoffeln
- Salz
- 350 g Erdnussöl zum Braten

Zubereitung

- Nimm die Kartoffeln und entferne die Schale.
- Schneide sie in 1 cm dicke Scheiben und gib ihnen die klassische Form von Pommes frites.
- Nimm eine Pfanne und erhitze das Öl. Sobald sie
- 170° erreicht hat, tauchst du ein paar Kartoffeln auf einmal ein.
- Nach 6 Minuten, oder wenn sie goldbraun sind, nimm sie aus dem heißen Öl und lege sie auf saugfähige Papiertücher. Dadurch wird das überschüssige Öl entfernt.
- Serviere die Pommes frites heiß und gut gesalzen, oder mit etwas Sauce!

Rosmarin gebratener Kürbis

Schwierigkeitsgrad:	Zubereitung:	Kochzeiten:	Portionen:
leicht	11 min	16 min	2 Personen

Zutaten

- 400 g Kürbisfruchtfleisch
- 50 ml Weißwein
- 2 Esslöffel natives Olivenöl extra
- 1 Knoblauchzehe
- Salz
- 1 Zweig Rosmarin
- Schwarzer Pfeffer

Zubereitung

- Nimm zuerst den Kürbis, entferne die Schale und schneide das Kürbisfleisch in kleine Stücke (in der Größe von Walnüssen).
- Nimm eine Bratpfanne, gib etwas Öl hinein und brate eine Knoblauchzehe an.
- Sobald er goldbraun ist, nimm ihn mit einer Zange aus der Pfanne.
- Gib den Kürbis in Stücken dazu und brate ihn an.
- Koche den Kürbis 11 Minuten lang und schwenke ihn in der Pfanne.
- Mit Pfeffer abschmecken und genießen!

Blumenkohlpüree

Schwierigkeitsgrad:	Zubereitung:	Kochzeiten:	Portionen:
sehr leicht	16 min	16 min	2 Personen

Zutaten

- 20 g Grana Padano PDO zum Reiben
- 500 g Kartoffeln
- Eine halbe Knoblauchzehe
- 700 g Blumenkohl
- Muskatnuss
- Grobes Salz, ein halber Teelöffel
- Wasser
- Salz
- Natives Olivenöl extra
- Schwarzer Pfeffer

Zubereitung

- Putze das Gemüse.
- Entferne die äußeren Blätter des Kohls und den Strunk.
- Wasche die Kohlköpfe gut und lege sie auf Küchenpapier.
- In der Zwischenzeit nimmst du die Kartoffeln und entfernst die Schale.
- Schneide sie in Scheiben nach deinem Geschmack.
- Nimm nun den Schnellkochtopf, gib ein wenig Öl und einen halben gehackten Knoblauch hinzu.
- Die Kartoffeln und Blumenkohlröschen hinzufügen.
- Gieße Wasser in den Schnellkochtopf, bis es sich auf gleicher Höhe mit dem Gemüse befindet.
- Füge einen Teelöffel grobes Salz hinzu.
- Koche die Kartoffeln und den Blumenkohl.
- Wenn du das Pfeifen des Schnellkochtopfs hörst, stellst du den Timer auf 6 Minuten ein.
- Denke daran, den Dampf aus dem Schnellkochtopf entweichen zu lassen, bevor du ihn öffnest!
- Wenn du keinen Schnellkochtopf hast, koche die beiden Gemüse separat 40 Minuten lang. Das Gemüse sollte sehr weich sein.
- Nimm nun den Mixer und gib ihn in den Topf.
- Verrühre alle Zutaten gut, bis eine homogene Creme entsteht.
- Mit Salz und Pfeffer abschmecken, etwas Muskatnuss reiben und dazugeben, 4 Minuten lang mischen.
- Gieße die Sahne in eine Schüssel und reibe etwas Grana-Padano-Käse auf die Oberfläche, sodass sie vollständig bedeckt ist.
- Stelle die Schüssel bei 230° mit der Grillfunktion für etwa 6 Minuten
- in den Ofen (oder wenn der Käse golden und knusprig ist) und sich eine Kruste bildet.

Gebratener Brokkoli

Schwierigkeitsgrad:	Zubereitung:	Kochzeiten:	Portionen:
sehr leicht	11 min	21 min	2 Personen

Zutaten

- 250 g Brokkoli
- 150 g Wasser
- Natives Olivenöl extra 13 g
- 1 Knoblauchzehe
- 1 frischer Chili
- Salz

Zubereitung

- Nimm den Brokkoli und entferne die Stiele.
- Wasche die Köpfe in frischem Wasser.
- Nimm einen Topf, gieße etwas Wasser hinein, gib den Brokkoli hinein, bedecke ihn mit einem Deckel und bringe das Wasser zum Kochen.
- Dann kochst du weitere 11 Minuten, gibst etwas Salz hinzu und lässt das gesamte Wasser verdampfen.
- Hacke den Knoblauch und den Chili, gib das Olivenöl dazu und gieße es in die Pfanne.
- Lass es 3 Minuten lang kochen.
- Nun alles in eine Schüssel geben und den Brokkoli heiß oder kalt servieren!

Gebratene Sojasprossen

Schwierigkeitsgrad:	Zubereitung:	Kochzeiten:	Portionen:
sehr leicht	6 min	7 min	2 Personen

Zutaten

- 200 g Sojasprossen
- 10 g frischer Ingwer
- 1 frischer Chili
- 6 g Öl
- 20 g Sojasauce
- 6 g Wasser

Zubereitung

- Nimm zunächst den Ingwer, schäle ihn und schneide ihn in sehr dünne Scheiben.
- Nimm den Chili und schneide ihn in kleine Ringe.
- Nimm den Wok und erhitze ihn auf großer Flamme.
- Wenn es heiß ist, gieße ein wenig Öl hinein, gib den Chili und den Ingwer dazu.
- Sobald sie gut gebräunt sind, gibst du die Sojasprossen hinzu und brätst sie ein paar Minuten an.
- Unter ständigem Rühren etwas Sojasauce und Wasser hinzugeben, insgesamt etwa 7 Minuten lang.
- Schütte sie in eine Schüssel und genieße sie!

Gebratene Champignons

Schwierigkeitsgrad:	Zubereitung:	Kochzeiten:	Portionen:
sehr leicht	21 min	4 min	2 Personen

Zutaten

- 125 g Champignons
- 110 g Austernpilze
- 110 g Steinpilze
- 95 g Wasser
- 1 l Erdnussöl
- Salz
- 75 g Semmelbrösel
- 75 g Weizenmehl

Zubereitung

- Putze die Pilze zunächst gut.
- Nimm die Austernpilze, wasche sie gut und trenne den Stiel mit einem Messer vom Hut.
- Nachdem du die Pilze gewaschen hast, halbierst du sie der Länge nach.
- Nachdem du die Steinpilze gewaschen hast, halbierst du sie der Länge nach.
- Bereite nun den Teig zu. Nimm eine Schüssel, gib das Mehl hinein und füge nach und nach das Wasser hinzu, indem du es mit einem Schneebesen gut verrührst, bis eine glatte Masse entsteht.
- Dann füge das Salz hinzu.
- Nimm eine andere Schüssel, gib etwas Semmelbrösel hinein und stelle es beiseite.
- Nimm nun eine Pfanne und gib das Erdnussöl hinein, um die Pilze zu braten.
- Während das Öl erhitzt wird, nimmst du die Pilze, tauchst sie in den Teig, lässt sie etwas abtropfen und tauchst sie dann in die Semmelbrösel.
- Wenn das Öl kochend heiß ist, gib die Pilze hinein und wende sie von Zeit zu Zeit, damit sie auf beiden Seiten gut durchgebraten werden.
- Lege sie auf einen Teller mit Papiertüchern, schmecke sie mit Salz ab und serviere sie kochend heiß!

Gebratene Artischocken mit Senf

Schwierigkeitsgrad:	Zubereitung:	Kochzeiten:	Portionen:
leicht	21 min	6 min	2 Personen

Zutaten

- Salz
- 1 mittlere Eier
- Instant-Hefe
- 4 Artischocken
- 25 g Weizenmehl
- Senfpulver ein halber Teelöffel
- Erdnussöl

Zubereitung

- Nimm die Artischocken und entferne die härteren äußeren Blätter. Schneide dann mit einem Messer durch die Oberseite, so dass die Stacheln entfernt werden.
- Schneide den Stiel ab, so dass mindestens 3 cm von der Basis der Artischocke übrigbleiben.
- Um zu verhindern, dass sie verwelken, drückst du eine halbe Zitrone über sie aus.
- Jetzt, wo die Artischocken sauber sind, schneidest du sie in 8 Teile, tauchst sie sofort in warmes Wasser und gibst den restlichen Zitronensaft dazu.
- Bereiten wir den Teig zu.
- Gib das Mehl, das Salz, den Senf, das Olivenöl und die Hefe in eine Schüssel. Mische alle Zutaten mit einem Mixer gut zusammen.
- Wenn der Teig zu flüssig ist, füge ein wenig mehr Mehl hinzu.
- Wenn der Teig zu dick ist, füge ein wenig Wasser hinzu.
- Nimm nun eine Pfanne und gib das Erdnussöl hinein, um die Pilze zu braten.
- Während das Öl erhitzt wird, nimmst du die Champignons, tauchst sie in den Teig und lässt sie etwas abtropfen.
- Wenn das Öl kochend heiß ist, gib die Pilze hinein und wende sie von Zeit zu Zeit, um sie von beiden Seiten gut durchzubraten, etwa 6 Minuten lang.
- Lege sie auf einen Teller mit Papiertüchern, schmecke sie mit Salz ab und serviere sie kochend heiß!

Gewürzte Möhren

Schwierigkeitsgrad:	Zubereitung:	Kochzeiten:	Portionen:
leicht	11 min	21 min	2 Personen

Zutaten

- 5 g Schwarze Pfefferkörner
- Zimtpulver
- Muskatnuss
- Natives Olivenöl extra
- 1 Lorbeerblatt
- 2 Wacholderbeeren
- 1 Gewürznelken
- 250 g Baby-Möhren
- 1 Prise Kardamom
- Salz

Zubereitung

- Wasche die Babymöhren.
- Schneide die Enden mit einem Messer ab.
- Nimm den Dampfgarer und fülle ihn zur Hälfte mit Wasser, erhitze ihn und gib die Lorbeerblätter hinein.
- Füge Pfeffer, Wacholderbeeren, Nelken und Kardamomsamen hinzu.
- Wenn das Wasser kocht, stellst du den Korb auf den Dampfgarer, um ihn aufzuheizen. Wenn er heiß ist, lege die Karotten oben auf den Korb.
- Mit einem Deckel für 20 Minuten abdecken.
- Wenn die Möhren fertig sind, serviere sie auf einem Teller und schmecke sie mit Salz und Pfeffer ab.
- Gib einen Spritzer natives Olivenöl und etwas Muskatnuss und Zimt dazu.

Gebratener Rosenkohl

Schwierigkeitsgrad:	Zubereitung:	Kochzeiten:	Portionen:
sehr leicht	6 min	21 min	2 Personen

Zutaten

- Salz
- 60 g Speck
- 250 g Rosenkohl
- 125 g Gemüsebrühe
- 20 g Schalotte
- Schwarzer Pfeffer
- 5 g natives Olivenöl extra

Zubereitung

- Erhitze die Gemüsebrühe in einem Kochtopf.
- In der Zwischenzeit den Rosenkohl waschen, abtropfen lassen und die äußeren Blätter entfernen. Schneide sie in zwei Hälften.
- Nimm den Speck und schneide ihn in Streifen.
- Erhitze eine Pfanne mit Öl und gib die fein gehackte Schalotte hinein.
- Wenn sie goldbraun sind, füge die Speckstücke hinzu und brate sie 3 Minuten lang.
- Den Rosenkohl, Salz, Pfeffer und die Gemüsebrühe hinzufügen.
- Mit einem Deckel 14 Minuten lang kochen.
- Wenn sie fertig sind, gieße sie aus und genieße sie heiß!

Kartoffeln in der Mikrowelle

Schwierigkeitsgrad:	Zubereitung:	Kochzeiten:	Portionen:
sehr leicht	6 min	8 min	2 Personen

Zutaten

- Salz
- 30 g Wasser
- 200 g Kartoffeln
- 1 Zweig Rosmarin
- Natives Olivenöl extra

Zubereitung

- Schäle Kartoffeln der gleichen Größe (klein bis mittelgroß).
- Gib sie in eine Schüssel, füge Wasser und den Rosmarinzweig hinzu.
- Mit Frischhaltefolie verschließen und bei 900 W 8 Minuten lang in der Mikrowelle erhitzen.
- Am Ende der 8 Minuten mit einem Stäbchen prüfen, ob die Kartoffeln innen weich sind und mit Salz und Öl würzen.
- Serviere sie und genieße sie kochend heiß!

Kartoffeln und Paprika

Schwierigkeitsgrad:	Zubereitung:	Kochzeiten:	Portionen:
sehr leicht	11 min	21 min	2 Personen

Zutaten

- 400 g Kartoffeln
- 70 ml natives Olivenöl extra
- 150 g gelbe Paprika
- 150 g rote Paprika

Zubereitung

- Wasche die Kartoffeln gut und schneide sie in 1 cm dicke Scheiben. Wasche, putze und schneide die Paprika in dünne Scheiben.
- Gib alles in eine Schüssel.
- Nimm eine große Bratpfanne und erhitze etwas natives Olivenöl.
- Sobald sie heiß sind, fügst du die Kartoffeln und die Paprika hinzu.
- Während des Kochens mit Salz und Pfeffer abschmecken und gelegentlich umrühren, damit das Gemüse gut durchgart.
- Nach 21 Minuten sollten die Kartoffeln goldbraun sein.
- Dann servieren und genießen!

Gebratene Zucchini

Schwierigkeitsgrad:	Zubereitung:	Kochzeiten:	Portionen:	Hinweis:
sehr leicht	16 min	5 min	2 Personen	2 Stunden Ruhezeit für die Zucchini

Zutaten

- 285 g Zucchini
- 15 g grobes Salz
- 50 g Weizenmehl
- 300 g Erdnussöl

Zubereitung

- Nimm die Zucchini, wasche sie und schneide die Enden ab.
- Schneide sie in etwa 1 cm dicke Scheiben.
- Bereite in einer Schüssel einen Boden aus grobem Salz vor, auf den du die Zucchini legen wirst.
- Lege die Zucchini auf das grobe Salz und zerdrücke sie mit einem weiteren Teller. Auf diese Weise verlieren sie ihr gesamtes überschüssiges Wasser.
- Lass sie 2 Stunden lang ruhen.
- Nach zwei Stunden spülst du die Zucchini ab, gibst sie in eine Schüssel mit dem Mehl und wendest sie gut von beiden Seiten.
- Entferne das überschüssige Mehl mit einem Sieb.
- Nimm eine Pfanne und erhitze das Öl.
- Gib die Zucchini in das heiße Öl und brate sie 5 Minuten lang.
- Sobald sie goldbraun sind, legst du sie auf saugfähiges Papier, um überschüssiges Öl zu entfernen.
- Serviere die Zucchini kochend heiß und knusprig!

Gebratener Blumenkohl

Schwierigkeitsgrad:	Zubereitung:	Kochzeiten:	Portionen:
sehr leicht	16 min	16 min	2 Personen

Zutaten

- 600 g Blumenkohl
- 15 g Sardellen in Öl
- Natives Olivenöl extra
- 40 g entsteinte schwarze Oliven
- Salz
- Schwarzer Pfeffer
- 1 Knoblauchzehe
- Petersilie

Zubereitung

- Wasche zuerst das Salz von den Kapern und lass sie in einer Schüssel mit kaltem Wasser einweichen.
- Nimm nun den Blumenkohl, entferne die äußeren Blätter, schneide die Röschen ab und wasche sie gut.
- Die Röschen 6 Minuten lang kochen, abtropfen lassen und beiseitestellen.
- Nimm eine antihaftbeschichtete Bratpfanne, gib etwas Öl hinein und brate eine Knoblauchzehe an.
- Sobald der Knoblauch goldbraun ist, fügst du die Blumenkohlröschen hinzu und schmeckst sie mit Salz und Pfeffer ab.
- Nun gut umrühren und 3 Minuten bei mittlerer Hitze kochen.
- Nun die gewaschenen und beiseite gestellten Kapern, die schwarzen Oliven und die Sardellen hinzufügen.
- Stelle die Flamme auf hohe Stufe und brate alle Zutaten etwa 6 Minuten lang gut an, um sie zu vermischen.
- In eine Schüssel geben und kochend heiß mit gehackter Petersilie servieren!

SALATE

Artischockensalat

Schwierigkeitsgrad:	Zubereitung:	Portionen:
leicht	31 min	2 Personen

Zutaten

- 3 Artischocken
- 20 g Grana Padano
- 1 Zitrone
- 15 g Zitronensaft
- Salz
- Schwarzer Pfeffer
- 30 g natives Olivenöl extra

Zubereitung

- Nimm die Artischocken und entferne die härteren äußeren Blätter. Schneide dann mit einem Messer durch die Oberseite, so dass die Stacheln entfernt werden.
- Schneide den Stiel ab, so dass mindestens 3 cm von der Basis der Artischocke übrigbleiben.
- Um sie frisch zu halten, drückst du eine halbe Zitrone über sie aus.
- Halbiere die Artischocke und entferne den inneren Flaum, dann schneide die Artischocke in dünne Scheiben.
- Während du die Artischocke schneidest, weiche die Scheiben in einer Schüssel mit Wasser und Zitrone ein.
- Wenn du fertig bist, gieße das überschüssige Wasser ab, lass die Artischockenscheiben abtropfen und stelle sie beiseite.
- Nun nimmst du den Grana Padano Käse, schneidest ihn in dünne Scheiben und stellst sie beiseite.
- Nimm eine Schüssel, presse 15 g Zitronensaft aus und mische ihn mit 30 g nativem Olivenöl, gib Pfeffer und Salz hinzu und verrühre die Zutaten zu einer Sauce.
- Nimm nun eine Schüssel, gib die Artischocken, die zuvor zubereitete Sauce und die Grana-Padano-Flocken hinein.
- Beende die Garnierung mit einem Spritzer Olivenöl.
- Genieße jetzt diesen einfachen, aber leckeren Salat!

Kichererbsensalat

Schwierigkeitsgrad:	Zubereitung:	Portionen:
leicht	31 min	2 Personen

Zutaten

- 10 g natives Olivenöl extra
- 150 g vorgekochte Kichererbsen
- 40 g rote Zwiebeln
- Schwarzer Pfeffer
- 25 g Salatgurken
- 50 g gelbe Paprika
- 6 g Minze
- 50 g Zucchini
- 40 g Tomate
- 30 g Feta
- 1 Zitrone
- Salz

Zubereitung

- Wasche und trockne das Gemüse gründlich.
- Schneide die Paprika in dünne Streifen und entsorge sie.
- Nimm die Kirschtomaten und schneide sie in zwei Hälften.
- Nimm die Zucchini, entferne die Enden und schneide sie in dünne Ringe.
- Nimm die Gurke, entferne die Enden und schneide sie in dünne Ringe.
- Nimm die Zwiebel und schneide sie in dünne Scheiben.
- Nimm den Feta-Käse und schneide ihn in kleine Würfel.
- Stelle das Gemüse beiseite und bereite das Dressing zu.
- Nimm einen Krug, gib die Minzblätter, das native Olivenöl und den Zitronensaft hinein und mixe alles mit einem Mixer.
- Gut mischen und alles in eine Schüssel geben.
- Nimm nun die vorgekochten Kichererbsen und lass sie abtropfen.
- Nimm eine Schüssel und gib alle anderen Zutaten hinein, würze gut mit der Minzsauce, gib etwas Zitronensaft dazu und gib zum Schluss den in kleine Würfel geschnittenen Fetakäse darüber.
- Jetzt servieren und genießen!

Salat mit Huhn und Zucchini

Schwierigkeitsgrad:	Zubereitung:	Kochzeiten:	Portionen:	Hinweis:
sehr leicht	16 min	16 min	2 Personen	1 Stunde zum Marinieren des Hähnchens

Zutaten

- 200 g Hühnerbrust in Scheiben geschnitten
- 100 g Zucchini
- Salz
- 30 g Misticanza-Salat
- 100 g Auberginen
- Natives Olivenöl extra
- 75 g Kirschtomaten
- 12 g Wildblumenhonig
- Salz
- 12 g natives Olivenöl extra
- Saft einer halben Zitrone
- Thymian
- Schwarzer Pfeffer

Zubereitung

- Beginne mit dem Hähnchen, indem du die Scheiben auf beiden Seiten einschneidest, damit die Marinade gut einziehen kann.
- Nimm eine Auflaufform, gib etwas Olivenöl hinein und lege die Hähnchenbrüste hinein.
- Gib nun den Honig, Salz, Pfeffer, den Saft einer halben Zitrone und ein oder zwei Zweige Thymian hinzu.
- Wende das Huhn gut, damit die Gewürze eindringen können.
- Bedecke alles mit Frischhaltefolie und lasse es etwa eine Stunde lang ruhen.
- Jetzt geht es weiter mit dem Gemüse.
- Wasche und schneide die Zucchini in etwa 1 cm dicke Streifen.
- Mache dasselbe mit den Auberginen.
- Nimm die Kirschtomaten und schneide sie in vier Stücke.
- Erhitze den Grill, fette ihn mit ein wenig Öl ein und brate die Auberginen und Zucchini, indem du sie auf beiden Seiten wendest. Mit Salz würzen.
-
- Nimm das beiseite gestellte marinierte Huhn und grille es von beiden Seiten.
- Lass das Gemüse und das Huhn abkühlen und gib alles in eine Schüssel.
- Jetzt, wo der Salat fertig ist, kannst du ihn mit allem genießen, was du magst!

Salat mit Birnen, Rucola, Parmesan und Walnüssen

Schwierigkeitsgrad:	Zubereitung:	Portionen:
sehr leicht	11 min	2 Personen

Zutaten

- 1 Williams-Birnen
- 50 g Grana Padano
- Natives Olivenöl extra
- Salz
- 50 g Rucola
- Balsamico-Essig
- 25 g Walnüsse

Zubereitung

- Wasche und trockne den Rucola und gib ihn in eine Schüssel.
- Wasche die Birne, schäle sie und entferne das Mittelstück. Schneide sie in dünne Scheiben.
- Nimm die Walnüsse und hacke sie grob.
- Nimm den Grana-Padano-Käse und schneide ihn in Flocken.
- Gib die Birnen in die Schüssel mit dem Rucola, füge die Parmesanflocken hinzu, würze mit Öl, Salz und Essig und vermische die Zutaten gut.
- Nun den Salat mit gehackten Walnüssen bestreuen und genießen!

Salat mit Birnen und Gorgonzolakäse

Schwierigkeitsgrad:	Zubereitung:	Portionen:
sehr leicht	11 min	2 Personen

Zutaten

- 50 g Walnüsse
- 250 g Kaiser-Birnen
- Salz
- Natives Olivenöl extra
- 62 g Spinat
- Balsamico-Essig
- 130 g vorgekochte Rüben
- 125 g Gorgonzola

Zubereitung

- Wasche die Birnen, entferne das Kerngehäuse und schneide sie in 3 cm große Stücke.
- Lege sie beiseite.
- Nimm die vorgekochten Rüben und schneide sie in 2 cm große Stücke.
- Die Walnüsse grob hacken.
- Mit einem Teelöffel kleine Gorgonzola-Käsekugeln formen.
- Den Spinat in eine Schüssel geben, die Birnen, die Rote Bete und die Gorgonzola-Kugeln hinzufügen.
- Mit Öl, Balsamico-Essig und etwas Salz würzen.
- Genieße deinen Salat jetzt!

Gurkensalat

Schwierigkeitsgrad:	Zubereitung:	Portionen:
sehr leicht	16 min	2 Personen

Zutaten

- 50 g rote Zwiebeln
- 50 g Tomaten
- 200 g Salatgurken
- 30 g Spinat
- 50 g gelbe Tomaten
- 1 Esslöffel Apfelessig
- 50 g griechischer Joghurt
- Schwarzer Pfeffer
- 15 g natives Olivenöl extra
- Salz

Zubereitung

- Wasche und schneide zunächst die Frühlingszwiebeln in sehr dünne Scheiben und gib sie in eine Schüssel mit Wasser und Eis.
- Stelle die Schüssel beiseite.
- Nimm die gelben und roten Kirschtomaten und schneide sie in vier Teile.
- Schäle die Gurken und schneide die äußeren Teile in lange, dünne Streifen.
- Der mittlere Teil der Gurke ist wegen der Kerne zu weich, also schneide diesen Teil in Würfel.
- Nimm einen Behälter und gib die Gurkenwürfel hinein.
- Öl, Salz, Pfeffer, Apfelessig und griechischen Joghurt hinzufügen.
- Püriere alle Zutaten in einem Mixer, bis eine glatte Sauce entsteht.
- Nimm einen Teller, gib die Spinatblätter als Basis für den Salat, dann die getrockneten Schalotten, die bunten Kirschtomaten und zum Schluss die Gurkenstreifen dazu.
- Jetzt nimmst du die Joghurtsauce und gibst sie über deinen Salat!

Salat mit Sardellen, Kirschtomaten und Eiern

Schwierigkeitsgrad:	Zubereitung:	Kochzeiten:	Portionen:
sehr leicht	21 min	8 min	2 Personen

Zutaten

- 2 Eier
- Natives Olivenöl extra
- Schwarzer Pfeffer
- Salz
- 150 g Kopfsalat
- 50 g entsteinte schwarze Oliven
- 125 g Kirschtomaten
- 10 g Sardellen in Öl
- 70 g Thunfisch
- 20 g frische Frühlingszwiebel

Zubereitung

- Beginne mit der Zubereitung der hartgekochten Eier.
- Nimm die Eier, gib sie in einen Topf und gieße Wasser dazu, bis sie bedeckt sind.
- Nach 7 Minuten Kochzeit die Eier abgießen und in kaltem Wasser abkühlen lassen.
- Nimm nun die Frühlingszwiebel, entferne den grünen Teil und schneide sie in dünne Scheiben.
- Nimm die Kirschtomaten und schneide sie in vier Teile.
- Lass die Sardellenfilets abtropfen und schneide sie in kleine Stücke.
- Nimm die Eier, schäle sie, schneide sie nach Belieben und stelle sie beiseite.
- Wasche den Kopfsalat, schneide ihn in Stücke und gib ihn in eine Schüssel.
- Tomaten, Sardellenfilets, schwarze Oliven, Thunfisch und Frühlingszwiebeln hinzufügen und mit Öl, Salz und Pfeffer würzen.
- Zum Schluss die Eier oben drauf geben, damit sie nicht auseinanderfallen.
- Genieße deinen Salat!

Apfel-Huhn-Salat

Schwierigkeitsgrad:	Zubereitung:	Kochzeiten:	Portionen:
sehr leicht	11 min	16 min	2 Personen

Zutaten

- 110 g Äpfel
- 1 Granatapfel
- Schwarzer Pfeffer
- 350 g Hähnchenbrust
- 35 g Rucola
- 35 g Spinat
- Salz
- 13 g Senf
- 5 g Apfelessig
- 25 g natives Olivenöl extra
- Schwarzer Pfeffer
- Salz

Zubereitung

- Nimm die Hähnchenbrust und schneide sie in etwa 1 cm dicke Scheiben.
- Nimm eine Auflaufform, gib ein wenig Öl hinein und lege das Hähnchen darauf, würze es mit Salz und Pfeffer. Beiseitestellen, damit die Gewürze durchziehen können.
- Wasche nun den Rucola und den Spinat, trockne die Blätter gut ab und stelle sie beiseite.
- Nimm den Granatapfel und entferne nur den roten Teil, du brauchst 75 g.
- Stelle die Grillplatte auf den Herd und brate das Hähnchen 5 Minuten auf jeder Seite, sobald es heiß ist.
- Wenn das Huhn gar ist, stell es beiseite.
- Bereite die Sauce in einer Schüssel zu.
- Senf aufgießen, Apfelessig, natives Olivenöl, Pfeffer und Salz hinzufügen.
- Wasche, trockne und schneide die Äpfel in dünne Scheiben. Vergiss nicht, den Kern zu entfernen!
- Nimm nun das Hähnchen und schneide es in diagonale Streifen.
- Stelle den Salat zusammen, indem du mit dem Rucola und dem Spinat beginnst, die Apfelscheiben und das Hähnchen dazu gibst und mit der Senfsauce anrichtest.

Salat mit Thunfisch, Karotten, Mais und grünen Bohnen

Schwierigkeitsgrad:	Zubereitung:	Kochzeiten:	Portionen:
sehr leicht	16 min	8 min	2 Personen

Zutaten

- 250 g grüne Bohnen
- Salz
- 175 g Karotten
- 110 g Thunfisch in Öl mit Zitrone und schwarzem Pfeffer
- 75 g Mais
- 1 Esslöffel gehackter Schnittlauch

Zubereitung

- Gieße Wasser in einen Topf und bringe es zum Kochen.
- In der Zwischenzeit die grünen Bohnen waschen und abtrocknen, die Enden abschneiden und für 8 Minuten in kochendes Wasser geben.
- Lass sie abtropfen, sobald sie fertig sind, und gib sie in eine Schüssel mit Eis, damit sie knusprig bleiben.
- Nach dem Abkühlen lässt du sie abtropfen und gibst sie in eine separate Schüssel.
- Nimm die Möhren, schäle sie und schneide sie nach Belieben.
- Schneide den Schnittlauch.
- Den Mais abtropfen lassen und den Thunfisch mit Zitrone und schwarzem Pfeffer würzen.
- Nimm nun die Schüssel mit den grünen Bohnen, gib den Mais, den Thunfisch, die Karotten und den Schnittlauch hinein.
- Nimm nun den Balsamico-Essig, gib ihn in eine Schüssel, füge Öl, Salz und einen Schuss Wasser hinzu.
- Kurz vor dem Servieren den Salat mit der Balsamico-Essig-Sauce anmachen und genießen!

Knackiger Salat

Schwierigkeitsgrad:	Zubereitung:	Kochzeiten:	Portionen:
leicht	16 min	6 min	2 Personen

Zutaten

- 1 Esslöffel gehackte Petersilie
- 1 kleiner Kopf Eisbergsalat
- 40 g Parmigiano Reggiano in Flocken
- Salz
- Schwarzer Pfeffer
- Natives Olivenöl extra
- 1 Möhre
- 4 Sardellenfilets
- 2 Sandwichscheiben
- Weißweinessig

Zubereitung

- Wasche die Eisbergblätter, schneide sie fein und gib sie in eine Salatschüssel.
- Schäle die Möhren und schneide sie nach Belieben.
- Nimm den Parmesankäse und schneide ihn in Scheiben.
- Die Petersilie und die Sardellenfilets fein hacken.
- Nimm eine Schüssel und gib Öl, Salz, Pfeffer, Sardellenfilets, Petersilie und einen Tropfen Essig hinein. Vermische die Zutaten miteinander und lass sie ein paar Minuten stehen.
- Entferne nun die dunklen Ränder von den Brotscheiben und schneide die Mitte in Würfel.
- Nimm eine Bratpfanne, gib etwas Öl hinein und brate die Brotwürfel an.
- Nimm nun die Salatschüssel mit dem Eisberg, gib die Karotten, die Parmesanspäne, das Öldressing mit den Sardellen und die Petersilie dazu.
- Gut mischen.
- Gib zum Schluss die Croutons dazu und serviere den Salat!

ALLES AUS EINEM GUSS

Klassisches Sandwich

Schwierigkeitsgrad:	Zubereitung:	Kochzeiten:	Portionen:
leicht	19 min	19 min	1 Sandwich

Zutaten

- 150 g Putengeschnetzeltes
- 100 g Auburn-Tomaten
- 2 Scheiben Speck (30 g insgesamt)
- 3 Scheiben Weißbrot
- 2 Blätter Kopfsalat
- 8 g Butter
- 25 g Mayonnaise

Zubereitung

- Buttere die 3 Speckscheiben gleichmäßig mit einem Messer und röste sie dann ein paar Minuten pro Seite in einer Pfanne.
- Sobald die Scheiben knusprig sind, lässt du sie auf saugfähigem Papier ruhen.
- Brate nun die Putenscheiben für ein paar Minuten auf jeder Seite und stelle sie beiseite, wenn sie fertig sind.
- Wasche die Tomaten und schneide sie in dünne Scheiben, dann wasche und trockne die Salatblätter.
- Bestreiche eine Seite jeder Scheibe mit Mayonnaise.
- Auf die Seite der Brotscheibe mit Mayonnaise legst du den Salat, gefolgt von zwei Scheiben Truthahn, zwei Scheiben Tomaten und einer Scheibe Speck.
- Schließe das Sandwich mit einer Scheibe Brot, wobei die Mayonnaise zum Speck hinzeigt.
- Die erste Schicht des Sandwichs ist fertig!
- Verteile nun die Mayonnaise auf dem Sandwich und lege die Salatscheibe, die Hähnchenscheiben, die Tomatenscheiben und den Speck darauf.
- Schneide das Sandwich in zwei Hälften und serviere es!

Tacos

Schwierigkeitsgrad:	Zubereitung:	Kochzeiten:	Portionen:
sehr leicht	14 min	14 min	4 Stück

Zutaten

- 250 g Wurst
- 4 Tacos
- 5 g natives Olivenöl extra
- 5 g süßer Chili
- 1 Esslöffel Tomatenmark
- 1 Esslöffel geräucherter Paprika
- Schwarzer Pfeffer
- 75 g Kirschtomaten
- 20 g Frühlingszwiebel
- Saft einer halben Limette
- 5 g natives Olivenöl extra
- 1 Bund Petersilie
- Salz
- Schale einer halben Limette
- 25 g griechischer Joghurt
- 50 g saure Sahne

Zubereitung

- Die Haut von der Wurst entfernen und das Fleisch mit einer Gabel zerdrücken.
- Nimm die Chilischote, wasche sie und entferne alle Kerne aus dem Inneren, dann schneide sie in dünne Streifen.
- Gib das Öl in eine antihaftbeschichtete Pfanne, erhitze es schnell auf mittlerer Flamme und gib die Wurst und die Paprika hinein.
- Nach ein paar Minuten fügst du die Chilischote hinzu.
- Füge eine Prise Pfeffer und das Tomatenmark hinzu.
- 15 Minuten lang kochen und dabei die Zutaten umrühren.
- In der Zwischenzeit bereitest du den Salat vor: Wasche und schneide die Tomaten, entferne die Wurzeln der Frühlingszwiebel und schneide sie in dünne Streifen.
- Wasche und hacke die Petersilie mit einem Messer.
- Nimm eine Schüssel und verteile alle Salatzutaten mit extra nativem Olivenöl, etwas Salz und Limettensaft.
- Bereite die Sauce zu, indem du Joghurt, saure Sahne und Limettenschale gut vermischst.
- Schalte den Topf mit dem Fleisch aus und fülle die Tacos.
- Nimm die Tacos, lege die Wurst auf den Boden, gib dann den Tomaten- und Frühlingszwiebelsalat dazu und würze zum Schluss mit einem Löffel die Joghurtsauce.
- Und jetzt lass dir deine Tacos
- schmecken!

Croque madame

Schwierigkeitsgrad:	Zubereitung:	Kochzeiten:	Portionen:
leicht	9 min	9 min	2 Stück

Zutaten

- 20 g Butter
- 40 g Gruyère
- 2 Eier (mittel)
- 4 Sandwichscheiben
- Gekochter Schinken 40 g
- Salz

Zubereitung

- Nimm 10 g Butter, schmelze sie in einem Topf und streiche sie auf alle Brotscheiben.
- Reibe den Gruyère und lege ihn zusammen mit dem gekochten Schinken auf die Speckscheiben.
- Schließe mit einer Scheibe Speck ab.
- Nimm 10 g Butter und schmelze sie in der Pfanne bei niedriger Hitze, dann lege den Toast hin, bis er auf beiden Seiten knusprig ist.
- Nimm eine Teigtasse mit einem Durchmesser von 10 cm und lege sie in eine heiße Pfanne mit Butter. Nimm ein Ei und schlag es auf.
- Bedecke die Pfanne mit einem Deckel, damit das Ei gut durchgart. (Wiederhole dies für die anderen Eier.)
- Wenn das Ei fertig ist, lege es vorsichtig auf den knusprigen Toast und serviere es heiß!

Pikantes Sandwich mit Thunfisch, Olivenpesto und Ziegenkäse

Schwierigkeitsgrad:	Zubereitung:	Portionen:
leicht	11 min	2 Stück

Zutaten

- 4 Blätter Baby-Salat
- 80 g Thunfisch in Öl mit Chili
- 2 Hartweizenbrötchen
- 40 g Ziegenkäse
- 1 mittelgroß Auburn-Tomate (45 g)
- 30 g entsteinte Taggiasca-Oliven
- 12 g natives Olivenöl extra

Zubereitung

- Beginnen wir mit der Zubereitung des Olivenpestos.
- Die entsteinten Taggiasca-Oliven in eine Schüssel geben, Öl hinzufügen und mit einem Stabmixer pürieren, bis eine Creme entsteht.
- Nimm die Sandwiches, halbiere sie und bestreiche eine Seite der Scheiben mit der frisch hergestellten Olivencreme und die andere Hälfte mit dem Ziegenkäse.
- Wasche den Salat und lege die Blätter auf die Seiten, auf denen sich die Olivencreme befindet.
- Nimm die Tomate, wasche sie und schneide sie in dünne Scheiben, dann lege sie auf das Salatblatt.
- Öffne nun die Dose mit dem Chili-Thunfisch und lass das Konservierungsöl abtropfen.
- Lege sie auf die Tomatenscheiben und schließe das Sandwich mit den Brothälften, auf denen du den Ziegenkäse verteilt hast.
- Serviere sie und genieße sie!

Piadine mit Mais und Huhn

Schwierigkeitsgrad:	Zubereitung:	Kochzeiten:	Portionen:
leicht	11 min	18 min	2 Personen

Zutaten

- 2 Piadine
- Süßer Paprika, ein halber Teelöffel
- Schwarzer Pfeffer, ein halber Teelöffel
- Knoblauchpulver, ein halber Teelöffel
- 250 g Hähnchenbrust
- Getrocknete Zwiebel, ein halber Teelöffel
- Getrockneter Thymian, ein halber Teelöffel
- Weißer Pfeffer, ein halber Teelöffel
- 1 Lorbeerblatt
- Salz
- 200 g gelbe Maiskörner aus der Dose
- 1 Esslöffel natives Olivenöl extra
- Saft einer halben Zitrone
- 1 frischer Chili
- 100 ml griechischer Joghurt
- Salz

Zubereitung

- Zuerst mahlst du alle Gewürze in einem Mixer.
- Nimm die Hähnchenbrüste, wasche sie gut, entferne die fettigen Teile und schneide sie in 5 Stücke. Bedecke sie dann mit dem zuvor erhaltenen Gewürzpulver.
- Nimm eine Bratpfanne, erhitze zwei Esslöffel Öl und gib die Hähnchenteile hinein.
- Brate das Hähnchen auf beiden Seiten
- gut durch und stelle es dann zum Ruhen beiseite.
- In der Zwischenzeit nimmst du den Mais und entfernst die Flüssigkeit. Würze den Mais mit Zitronensaft und gehacktem Chili (achte darauf, dass er keine Kerne hat!).
- Nimm den griechischen Joghurt und mische ihn gut.
- Erhitze jetzt schnell die Piadina, sie müssen weich bleiben, damit sie sich schließen.
- Verteile den griechischen Joghurt gut auf der heißen Piadina, schneide das Hähnchen in dünne Streifen und lege sie zusammen mit dem Mais in die Mitte der Piadina.
- Beginne nun am Boden und rolle die Piadina auf, serviere sie und genieße sie warm!

Couscous mit Feta, Wassermelone und Tomaten

Schwierigkeitsgrad:	Zubereitung:	Kochzeiten:	Portionen:
sehr leicht	26 min	6 min	2 Personen

Zutaten

- 125 g Feta
- Natives Olivenöl extra
- 150 g gelbe, rote und
- grüne Tomaten
- 160 g Couscous
- 75 g Wassermelonenfruchtfleisch
- Oregano
- Salz
- Schwarzer Pfeffer

Zubereitung

- Koche etwas Wasser in einem Topf, in dem du den Couscous kochen wirst.
- Nimm eine Schüssel, gib den Couscous hinein und würze ihn mit Öl und Salz. Gieße nach und nach das kochende Wasser in die Schüssel, bis der Couscous bedeckt ist.
- Nimm die Frischhaltefolie und decke die Schüssel für etwa 6 Minuten ab.
- In der Zwischenzeit nimmst du die Wassermelone, entfernst die Schale und schneidest das Fruchtfleisch in kleine Würfel (weniger als 1 cm).
- Nimm den Feta und schneide ihn in Würfel von der Größe der Wassermelone.
- Schneide die Kirschtomaten in Keile.
- Nimm den Couscous, füge ein wenig Öl hinzu, mische ihn mit einem Löffel gut durch und gib Salz hinzu.
- Gib die Wassermelone, den Feta und die Kirschtomaten in eine Schüssel.
- Mit Öl, Salz, Pfeffer und Oregano würzen.
- Schneide die restliche Wassermelone für die Dekoration in lange, dünne Dreiecke.
- Nimm den Blätterteigring und lege den Couscous auf einen Teller. Den Ring entfernen und den Feta, die Kirschtomaten und die Wassermelone darauflegen.
- Lass deiner Fantasie freien Lauf und garniere das Gericht nach deinem Geschmack!

Piadina mit Gorgonzola, Rohschinken und Tomaten

Schwierigkeitsgrad:	Zubereitung:	Kochzeiten:
sehr leicht	11 min	6 min

Zutaten

- 2 klassische Piadine
- 200 g Fleischtomaten
- 200 g cremiger Gorgonzola
- 8 Scheiben Parmaschinken
- Salz

Zubereitung

- Wasche die Tomaten und schneide sie in dünne Scheiben.
- Nimm eine antihaftbeschichtete Pfanne und erhitze sie, dann gib die Tomatenscheiben hinein.
- Brate die Tomatenscheiben auf beiden Seiten gut an und stelle sie dann zum Ruhen beiseite.
- Nimm eine Bratpfanne, gib etwas Öl hinein und brate die Piadina schnell von zwei Seiten an.
- Gib die Piadina auf einen Teller und bestreiche eine Seite mit dem Gorgonzola, gib die Tomaten darauf und lege 2 Scheiben Prosciutto darauf.
- Halbieren und heiß servieren!

Piadina mit Stracchino-Käse und Zucchini

Schwierigkeitsgrad:	Zubereitung:	Kochzeiten:	Portionen:
leicht	6 min	26 min	1 Personen

Zutaten

- 120 g Stracchino
- 1 Piadina
- 25 g Walnüsse
- 200 g Zucchini
- Balsamico-Essig-Glasur
- Salz

Zubereitung

- Die Walnüsse hacken und beiseitestellen.
- Wasche die Zucchini gut und schneide sie in dünne Scheiben (etwa 3 mm).
- Lege sie für 2 Minuten auf den erhitzten Grill, wende sie dann auf die andere Seite und warte weitere 2 Minuten. Stelle sie
- dann beiseite und würze sie mit etwas Salz.
- Nimm eine antihaftbeschichtete Pfanne und lege die Piadina darauf, erhitze sie 30 Sekunden lang und wende sie dann für weitere 30 Sekunden auf die andere Seite.
- Während die Piadina noch in der Pfanne liegt, gibst du den Stracchino auf eine Seite, legst den Deckel auf die Pfanne und lässt den Käse schmelzen.
- Gib die Piadina auf einen Teller, füge die gehackten Zucchini und Walnüsse hinzu und gib ein wenig Balsamico-Essig darüber. Warm genießen!

Doppelter Cheeseburger

Schwierigkeitsgrad:	Zubereitung:	Kochzeiten:	Portionen:
leicht	14 min	13 min	2 Stück

Zutaten

- 400 g Rinderhackfleisch
- 4 Scheiben Cheddar
- Möhren 50 g
- 50 g Salat
- 1 Esslöffel Mayonnaise
- 1 Esslöffel Ketchup
- Worcestershire-Sauce
- 1 Tomate
- 4 Scheiben Eingelegte Jalapeño-Paprika
- Babyspinat
- Natives Olivenöl extra
- Salz
- Schwarzer Pfeffer

Zubereitung

- Nimm den Salat, wasche ihn, entsorge den mittleren Teil und schneide den Rest in dünne Streifen.
- Schäle die Möhren und reibe sie grob.
- Nimm eine Schüssel und gib die Mayonnaise und den Ketchup zusammen mit dem Kohl und den Möhren hinein. Einen kleinen Löffel Worcestershiresauce und eine Prise Pfeffer unterrühren.
- Nimm das Fleisch und forme es zu zwei etwa 2 cm hohen Burgern.
- Beide Seiten mit Salz und Pfeffer würzen.
- Nimm eine antihaftbeschichtete Pfanne, gib ein wenig Öl hinein und erhitze es gut.
- Gib die Burger in die Pfanne und brate sie 4 Minuten pro Seite bei mittlerer Hitze.
- Wenn alle Seiten durchgebraten sind, die Hitze reduzieren, eine Scheibe Cheddar auf eine Seite legen und die Pfanne mit einem Deckel abdecken.
- Sobald der Käse schmilzt, legst du einen Burger auf den anderen.
- In der Sternpfanne kannst du die beiden Brothälften erhitzen.
- Lege die Doppelburger auf einen Teller und bereite das Double-Cheeseburger-Sandwich vor.
- Beginne mit dem Brot, dann gib die Sauce mit Salat und Karotten, das Fleisch, zwei Scheiben Jalapeños, zwei Blätter Babyspinat und zwei Tomatenscheiben darauf.
- Schließe das Sandwich und serviere es noch warm!

Omelette mit Mozzarella und Tomate

Schwierigkeitsgrad:	Zubereitung:	Kochzeiten:	Portionen:
leicht	9 min	9 min	1 Stück

Zutaten

- 2 Eier
- 1 Auburn-Tomaten
- 100 g Mozzarella
- Salz
- Schwarzer Pfeffer
- Basilikum
- Natives Olivenöl extra

Zubereitung

- Schneide den Mozzarella in Würfel und wringe ihn mit Papiertüchern aus, um überschüssiges Wasser zu entfernen.
- Wasche die Tomaten und schneide sie in Scheiben, wobei du darauf achtest, dass die Scheiben etwa gleich groß sind.
- Nimm eine Bratpfanne und erhitze die Tomatenscheiben von beiden Seiten, dann stell sie beiseite.
- Schlage zwei Eier in eine Schüssel, füge Salz und Pfeffer hinzu und schlage sie mit einem Schneebesen.
- Nimm eine Bratpfanne und gib etwas Öl hinein, erhitze es gut, gib die Eier hinein und lege den Deckel auf die Pfanne.
- Wenn es anfängt zu kochen, gib die Tomaten und den Mozzarella auf eine Seite.
- Füge zwei Blätter frisches Basilikum hinzu.
- Klappe das Omelett zu einem Halbmond um, gare es weiter und wende es, damit der Mozzarella schmilzt.
- Sobald er geschmolzen ist, serviere ihn auf einem Teller und genieße ihn heiß!

Bowl mit Quinoa, Käse, Apfel und roten Früchten

Schwierigkeitsgrad:	Zubereitung:	Kochzeiten:	Portionen:
sehr leicht	16 min	11 min	2 Personen

Zutaten

- 100 g Quinoa
- 200 g Äpfel
- 40 g Appenzeller Käse
- 1 Avocado
- 30 g ganze, geschälte Haselnüsse
- 15 g Kürbiskerne
- 8 Himbeeren
- 1 Zweig Johannisbeeren
- Schnittlauch

Zubereitung

- Wasche den Quinoa unter Wasser und koche ihn dann in kochendem Salzwasser für die auf der Packung angegebene Zeit.
- Während der Quinoa kocht, nimmst du eine Pfanne und röstest die Haselnüsse für ein paar Minuten und stellst sie dann beiseite.
- Nimm den Käse, entferne die Rinde und schneide ihn in Würfel.
- Schneide den Schnittlauch mit einem Messer.
- Die Avocado halbieren, die Schale und den Stein entfernen und das Fruchtfleisch in dünne Scheiben schneiden.
- Nimm die Äpfel, wasche sie und schneide sie in Quadrate von etwa 1 cm.
- Wenn alle Zutaten fertig sind, nimmst du die Schüsseln und gibst zuerst den Quinoa
- hinein, dann die Avocado, indem du sie auf die Seite legst und mit den Apfelwürfeln ein Muster bildest.
- Verteile dann die Himbeeren, Kürbiskerne und den Johannisbeerzweig an den Rändern der Schalen.
- Mit Schnittlauch und zuvor gerösteten Haselnüssen garnieren.
- Serviere sie und genieße sie!

Bowl mit Lachs, knusprigem Brot und Avocado

Schwierigkeitsgrad:	**Zubereitung:**	**Kochzeiten:**	**Portionen:**
leicht	11 min	16 min	2 Personen

Zutaten

- 180 g Lachs
- 100 g Basmati-Reis
- 1 Avocado
- 20 g Vollkornbrot
- ½ Zitrone
- 10 g natives Olivenöl extra
- Mohnsamen
- Thymian
- Salz
- Schwarzer Pfeffer

Zubereitung

- Koche den Basmatireis 10 Minuten lang in kochendem Wasser.
- Nimm das Vollkornbrot und schneide es in 1 cm große Würfel. Lege die Würfel auf ein Backblech mit extra nativem Olivenöl und backe sie im vorgeheizten Ofen bei 200° für 9 Minuten.
- Wenn das Brot knusprig ist, nimm es aus dem Ofen und lass es ruhen.
- Nimm eine Pfanne und gib 10 g Olivenöl hinein, lege den Lachs hinein und gib Salz, Pfeffer und Thymian dazu.
- 7 Minuten kochen, bis der Lachs eine knusprige Schicht bildet.
- Nimm die Avocado, entferne die Schale und den Stein. Schneide das Fruchtfleisch in kleine Würfel.
- Lass den Reis abtropfen und verteile ihn in Schüsseln.
- Nimm die Zitrone und schneide sie in dünne Scheiben, wobei du die Schale entfernst.
- Beginne damit, die Schüssel zusammenzustellen und platziere die Avocado, den Lachs und das knusprige Brot nach Belieben.
- Zum Schluss mit Zitrone und Mohn bestreuen.
- Serviere die Schalen und genieße sie!

Carpaccio aus Thunfisch und Zucchini

Schwierigkeitsgrad:	Zubereitung:	Portionen:	Hinweis:
leicht	11 min	2 Personen	30 Min. zum Marinieren der Zucchini

Zutaten

- 150 g abgetropfter Thunfisch in Öl
- 200 g Zucchini
- 30 g natives Olivenöl extra
- 75 g Mozzarella-Kugeln
- 75 g Kirschtomaten
- Petersilie
- 30 g Zitronensaft
- Schale eine halben Zitrone
- Minze
- Salz
- Schwarzer Pfeffer

Zubereitung

- Öffne die Thunfischdose, lass das gesamte Öl abtropfen und gib ihn in eine Schüssel. Beiseitelegen.
- Wasche die Zucchini und schneide sie in sehr dünne Scheiben.
- Nimm die Zitrone, wasche sie, behalte die Schale und schneide sie in dünne Streifen. (Achte darauf, dass du nicht den weißen Teil der Schale abschneidest, der ist bitter).
- Mache den Saft aus der restlichen Zitronenhälfte, seihe ihn ab und gieße ihn in eine Schüssel.
- Etwas Öl, Salz und Pfeffer hinzufügen.
- Nimm die Petersilie und die Minze, hacke sie mit einem Messer und gib sie zu dem Zitronensaft. Mit einer Gabel gut durchmischen.
- Gieße etwas von dem gewürzten Zitronensaft in eine Auflaufform und lege eine Schicht Zucchini darauf. Gieße nun den restlichen Saft darüber.
- Bedecke die Zucchini nun mit Frischhaltefolie und lass sie 30 Minuten im Kühlschrank marinieren.
- Während die Zucchini im Kühlschrank ist, nimmst du die Tomaten, wäschst sie, schneidest sie nach Belieben und gibst sie mit Öl und Salz in eine Schüssel.
- Jetzt lass uns servieren!
- Nimm die marinierten Zucchini und lege ein paar Scheiben auf den Teller, gib den Mozzarella, die Tomaten und den Thunfisch dazu.
- Genieße dein Essen!

Quinoa Aubergine und Minze

Schwierigkeitsgrad:	Zubereitung:	Kochzeiten:	Portionen:
sehr leicht	16 min	11 min	2 Personen

Zutaten

- 100 g Quinoa
- 125 g Auberginen
- 5 g natives Olivenöl extra
- 125 g Kirschtomaten
- 30 g Feta
- 25 g rote Zwiebeln
- Minze
- 20 g Wasser
- 10 g Rucola
- Schwarzer Pfeffer
- Salz

Zubereitung

- Nimm die Auberginen, wasche sie und schneide sie in Würfel.
- Wasche die Kirschtomaten und schneide sie in 4 Stücke.
- Schneide die roten Zwiebeln in Scheiben, bereite eine Pfanne mit extra nativem Olivenöl vor und lege die Zwiebeln darauf. Bei mittlerer bis hoher Hitze kochen.
- Ich empfehle, einen Schuss Wasser hinzuzufügen und umzurühren, damit die Zwiebeln braten und nicht anbrennen.
- Nach etwa 5 Minuten die Auberginen und Kirschtomaten dazugeben und mit Salz und Pfeffer abschmecken.
- Lass es weitere 6 Minuten kochen und rühre gelegentlich um.
- Nachdem du die Flamme ausgeschaltet hast, würze mit Minzblättern.
- Nimm nun den Quinoa und wasche ihn. Koche ihn in kochendem Wasser nach der Zeitangabe auf der Packung.
- Sobald der Quinoa gekocht ist, lässt du ihn abtropfen und kühlst ihn ab.
- Lass uns servieren!
- Nimm ein durchsichtiges Glas, um die Schichten der Zutaten zu zeigen.
- Lege die Quinoa auf den Boden, dann die Auberginen und dann die Kirschtomaten. Lege den gewürfelten Feta und ein paar Blätter Rucola auf die
- Kirschtomaten!
- Jetzt musst du das Gericht nur noch genießen!

Tacos mit Garnelen und Grünkohl

Schwierigkeitsgrad:	Zubereitung:	Kochzeiten:	Portionen:
leicht	16 min	16 min	2 Stück

Zutaten

- 2 Mehltortillas
- 125 g Grünkohl
- 120 g Vorgekochte rote Bohnen (abgetropft)
- 10 g Garnelen
- 1 Knoblauchzehe
- Schale einer Zitrone
- 1 frischer Chili
- 15 g natives Olivenöl extra
- 10 g heißes Wasser
- Feines Salz, ein halber Teelöffel
- 75 g griechischer Joghurt
- Natives Olivenöl extra, ein halber Esslöffel
- Akazienhonig, ein halber Teelöffel
- Schnittlauch

Zubereitung

- Lass uns mit den Garnelen beginnen. Entferne
- die Schalen von den Schwänzen und achte darauf, den schwarzen Faden zu entfernen.
- Gib sie in eine Schüssel und würze sie mit Öl, Salz und Zitronenschale.
- Gut vermischen, mit Frischhaltefolie verschließen und im Kühlschrank ruhen lassen.
- Nimm den Grünkohl, wasche ihn und schneide ihn in sehr dünne Scheiben.
- Nimm nun eine Pfanne, gib Öl, eine Knoblauchzehe und eine gehackte Chilischote hinein.
- Wenn die Pfanne heiß ist, fügst du den Kohl hinzu, gibst Wasser hinzu und rührst gut um, damit er Geschmack annimmt.
- Mit einem Deckel abdecken und 9 Minuten lang kochen.
- Nimm den Knoblauch heraus, wenn der Kohl verwelkt ist, und gib die abgetropften roten Bohnen dazu.
- Mische alle Zutaten gut.
- Jetzt bereiten wir die Sauce zu.
- Nimm eine Schüssel und gib den gehackten Schnittlauch, den Joghurt, den Honig und ein wenig Salz hinein. Rühre gut um, um die Zutaten zu vermischen. Beiseite legen.
- Nimm die Garnelen aus dem Kühlschrank und erhitze sie in einer Bratpfanne für 1 Minute auf jeder Seite und stelle sie beiseite.
- Schalte nun die Flamme des Kohls aus.
- Nimm eine Bratpfanne und erhitze die Tortilla.
- Die Tortilla auf einen Teller legen, den Kohl und die Bohnen dazugeben, dann die Garnelen darauf legen und gut mit der Soße abschmecken.
- Genieße sie warm!

DESSERTS

Heiße Schokolade

Schwierigkeitsgrad:	Zubereitung:	Kochzeiten:	Portionen:
sehr leicht	11 min	6 min	1 Personen

Zutaten

- 10 g bitteres Kakaopulver
- 10 g Zucker
- 250 g Vollmilch
- 10 g Maisstärke (Maismehl)
- 60 g dunkle Schokolade (60-69%)

Zubereitung

- Nimm die dunkle Schokolade, schneide sie mit einem Messer in kleine Stücke und gib sie in eine Schüssel, um sie im Wasserbad zu erhitzen. Über einer mittleren Flamme.
- Denke daran, die Schokolade während des Kochens zu wenden.
- Sobald sie geschmolzen sind, stellst du die Schüssel beiseite.
- Nimm einen kleinen Kochtopf und gib die Milch, die Maisstärke und das ungesüßte Kakaopulver hinein.
- Während er sich erhitzt, rühre mit einem Schneebesen um und füge den Zucker hinzu.
- Rühr weiter.
- Gieße nun die geschmolzene Schokolade in den Topf mit der Milch und rühre weiter, bis du die gewünschte Konsistenz erreicht hast!
- Serviere sie mit etwas Sahne oder Obst deiner Wahl!

Pralinenmandeln

Schwierigkeitsgrad:	Zubereitung:	Hinweis:
leicht	14 min	Es gibt eine Abkühlzeit

Zutaten

- 60 g Zucker
- 125 g Mandeln
- 17 g Wasser

Zubereitung

- Nimm einen Topf und gib die Mandeln, den Zucker und das Wasser bei Zimmertemperatur hinein.
- Drehe die Hitze auf mittlere bis niedrige Stufe und rühre die Zutaten um. Sobald
- der Zucker eine Schicht um die Mandeln bildet, die Hitze weiter reduzieren und weiterrühren, bis der Zucker eine bernsteinfarbene Farbe annimmt.
- Nimm ein Backblech, lege Backpapier darauf und lege die Mandeln kreisförmig darauf.
- Lass sie abkühlen und genieße sie!

French Toast

Schwierigkeitsgrad:	Zubereitung:	Kochzeiten:	Portionen:
sehr leicht	12 min	6 min	7 Stücke

Zutaten

- 50 g Vollmilch
- 7 Scheiben Brioche
- Zimtpulver
- 2 Eier (mittel)
- Salz
- Butter
- Zimtpulver
- Blaubeermarmelade
- Butter

Zubereitung

- Nimm eine große Auflaufform, schlage die Eier auf und gib sie hinein. Gib dann die Milch, den Zimt und eine Prise Salz hinzu.
- Mische die Zutaten gut.
- Nimm die Brioche-Scheiben und lege sie in die Auflaufform, wobei du sie von beiden Seiten einweichst.
- Schmelze nun etwas Butter in einer Pfanne, lege die Brotscheiben darauf und brate sie 3 Minuten auf jeder Seite.
- Während du die Brioche-Scheiben brätst, stellst du sie beiseite.
- Garniere die Brotscheiben mit ein wenig Butter, einer Prise Zimt und etwas Blaubeermarmelade.
- Du kannst das Rezept ganz nach deinem Geschmack anpassen.
- Jetzt sind sie bereit, genossen zu werden!

Eierpfannkuchen

Schwierigkeitsgrad:	Zubereitung:	Kochzeiten:	Portionen:
sehr leicht	6 min	11 min	6 Stück

Zutaten

- 30 g Zucker
- 5 g Backpulver
- 200 g Vollmilch
- 150 g Weizenmehl
- 15 g Butter
- 60 g Blaubeeren

Zubereitung

- Nimm eine Schüssel und gib das Mehl, das Backpulver und den Zucker hinein.
- Schmelze etwas Butter auf kleiner Flamme in einer Bratpfanne.
- Sobald die Butter geschmolzen ist, stellst du sie beiseite.
- Nimm die Schüssel mit dem Mehl, gieße langsam die Milch hinein und rühre weiter, damit sich keine Klumpen bilden.
- Nun die geschmolzene Butter hinzufügen und mit einem Schneebesen verrühren.
- Nimm eine Bratpfanne (besser ist es, wenn du eine Crêpe-Pfanne hast) und gib einen Schöpflöffel der Mischung in die Mitte.
- Beobachte den Teig. Wenn er viele Blasen gebildet hat, wende den Pfannkuchen mit einem Spatel auf die andere Seite.
- Wiederhole diesen Vorgang für alle Pfannkuchen.
- Nimm nun die Blaubeeren und püriere sie mit einem Stabmixer und füge ein wenig Wasser und eine Prise Zucker hinzu.
- Lege die Pfannkuchen auf einen Teller, gieße die Blaubeersauce darüber und bestreue sie mit Puderzucker!

Kuchen in einer Tasse

Schwierigkeitsgrad:	Zubereitung:	Kochzeiten:	Portionen:	Hinweis:
leicht	9 min	1 min	2 Personen	Mikrowelle unverzichtbar

Zutaten

- 26 g Sonnenblumenöl
- 20 g bitteres Kakaopulver
- 90 g Zucker
- 80 g Weizenmehl
- 1 Ei
- 60 g Vollmilch
- 40 g weiße Schokolade
- 3 g Backpulver

Zubereitung

- Nimm das Ei, füge den Zucker hinzu und schlage es mit einem elektrischen Schneebesen, bis eine weiße schaumige Masse entsteht.
- Kakao, Mehl und Backpulver in eine separate Schüssel sieben und gut vermischen.
- Gib diese Zutaten nun langsam in die Schüssel mit dem schaumigen Ei und gieße die Milch dazu.
- Gut mischen, um Klumpen zu vermeiden, und ein wenig Öl hinzufügen.
- Verarbeite die Zutaten, bis sie glatt und homogen sind.
- Nimm eine Tasse und gieße die Mischung hinein, wobei du etwa 2 cm vom Rand entfernt bleibst.
- Gib die gehackte weiße Schokolade dazu und bedecke den Becher mit mikrowellengeeigneter Frischhaltefolie (im Handel erhältlich).
- Stelle die Mikrowelle auf 600 Watt und koche sie etwa 2-3 Minuten lang.
- Nimm den Becher und lass ihn abkühlen.
- In der Zwischenzeit schlägst du die Sahne mit einem Schneebesen auf und gibst sie auf die abgekühlten Tassenkuchen.
- Und jetzt viel Spaß!

Joghurtpfannkuchen

Schwierigkeitsgrad:	Zubereitung:	Kochzeiten:	Portionen:	Hinweis:
sehr leicht	11 min	2 min	2 Personen	30 Minuten Ruhezeit für den Teig

Zutaten

- 1 mittleres Ei
- 63 g fettfreier Joghurt
- 4 g Backpulver
- 75 g Weizenmehl
- 100 g Vollmilch
- Natives Olivenöl extra

Zubereitung

- Nimm eine Schüssel und schlage das Ei mit einem Schneebesen, bis es hell und schaumig ist.
- Gib die Milch und den Joghurt zu der Mischung, ohne mit dem Rühren aufzuhören.
- In einer separaten Schüssel das Mehl sieben und das Backpulver hinzufügen.
- Vermische nun langsam die beiden Komposte, bis ein glatter, homogener Teig entsteht.
- Mit Frischhaltefolie abdecken und 30 Minuten ruhen lassen.
- Nimm eine antihaftbeschichtete Pfanne und fette sie leicht mit nativem Olivenöl ein, gib den Teig in die Mitte:
- Beobachte den Teig. Wenn sich viele Blasen gebildet haben, wende den Pfannkuchen mit einem Spatel auf die andere Seite.
- Wiederhole diesen Vorgang für alle Pfannkuchen.
- Serviere die Pfannkuchen mit Schokolade, Sahne oder Obst nach deinem Geschmack!

Beeren-Joghurtbecher

Schwierigkeitsgrad:	Zubereitung:	Kochzeiten:	Portionen:	Hinweis:
leicht	11 min	1 min	2 Personen	Abkühlzeit im Kühlschrank ca. 19 Minuten

Zutaten

- 225 g griechischer Joghurt
- 1 Esslöffel Honig
- 125 g Beeren
- 50 g Knuspermüsli
- 10 g Zucker
- 25 ml Wasser
- 1 Teelöffel Maisstärke (Speisestärke)

Zubereitung

- Nimm einen kleinen Topf, gib Wasser, Zucker und die Beeren hinein (heb ein paar zum Garnieren auf) und erhitze sie auf kleiner Flamme.
- Lasse 6 Minuten verstreichen. Wenn die Beeren zerfallen sind, streichst du die Mischung durch ein Sieb, damit sie glatt und kernlos ist.
- Löse zwei Teelöffel Speisestärke in etwas Wasser auf und gib sie in die Beerenmischung.
- Lass es auf dem Herd stehen, damit es gut eindickt.
- Gieße die eingedickte Mischung in 2 Gläser und lasse sie 19 Minuten lang im Kühlschrank stehen.
- In der Zwischenzeit nimmst du den Joghurt und fügst einen Esslöffel Honig hinzu und verrührst ihn gut.
- Nimm die beiden Gläser aus dem Kühlschrank und gieße den Joghurt hinein.
- Füge eine Schicht Knuspermüsli hinzu und garniere sie mit den zuvor beiseite gestellten Beeren.
- Jetzt musst du sie nur noch genießen!

Tiramisu-Trüffel

Schwierigkeitsgrad:	Zubereitung:	Portionen:	Hinweis:
sehr leicht	11 min	15 Stück	Ruhezeit im Gefrierfach (20 Minuten)

Zutaten

- 125 g Mascarpone
- 80 g Löffelbiskuits
- 40 g Kaffee (bei Raumtemperatur)
- 30 g Puderzucker
- Bitteres Kakaopulver

Zubereitung

- Bereite den Kaffee zu, etwa 40 g, und stelle ihn zum Abkühlen beiseite.
- Nimm die Löffelbiskuits und mixe sie zu einem Pulver.
- Die Mascarpone in eine Schüssel geben, den abgekühlten Kaffee und den Puderzucker einrieseln lassen. Verrühre die Zutaten gut, damit eine homogene Mischung entsteht.
- Gib die Löffelbiskuits in Pulverform dazu und verarbeite die Masse weiter, bis sie ziemlich kompakt ist.
- Nimm einen Löffel, nimm etwas von der Mischung und forme sie zu einer Kugel.
- Wiederhole diesen Vorgang, bis die Mischung fertig ist.
- Schütte das ungesüßte Kakaopulver in eine Schüssel.
- Nimm jede Kugel und wälze sie in der Schüssel mit dem ungesüßten Kakao.
- Lass sie 30 Minuten lang im Gefrierfach ruhen.
- Jetzt servieren und diese köstlichen Tiramisu-Trüffel genießen!

Waffleln

Schwierigkeitsgrad:	Zubereitung:	Kochzeiten:	Portionen:	Hinweis:
leicht	6 min	5 min	2 Personen	Der Teig muss 30 Minuten ruhen. Waffeleisen erforderlich.

Zutaten

- 150 g Weizenmehl
- 50 g Butter
- 38 g Zucker
- 1 Vanilleschote
- 5 g Backpulver
- 125 ml Vollmilch
- 1 Ei
- 1 Prise Salz
- Puderzucker

Zubereitung

- Nimm eine Schüssel und schlage das Ei auf, gib langsam die Milch und die geschmolzene Butter hinzu.
- Mische die Zutaten gut und füge den Zucker hinzu.
- Siebe das Mehl, das Backpulver und das Salz und vermische alle Zutaten in der Schüssel mit der Milch und den Eiern.
- Füge nun das Innere der Vanilleschote hinzu und füge sie dem Teig hinzu, decke ihn mit Frischhaltefolie ab und lass ihn 30 Minuten im Kühlschrank ruhen.
- Erhitze das Waffeleisen auf maximale Temperatur und bestreiche es mit etwas geschmolzener Butter, damit der Teig nicht klebt.
- Nimm einen Schöpflöffel der Mischung und gieße sie darüber.
- Schließe das Waffeleisen und backe es etwa 4 Minuten lang, bis die Mischung goldbraun ist.
- Die Waffel sollte außen knusprig, aber innen weich sein.
- Serviere sie mit Puderzucker und allem, was du magst! Schokolade, Sahne, Früchte und vieles mehr!

Porridge mit Haselnüssen und Äpfeln

Schwierigkeitsgrad:	Zubereitung:	Kochzeiten:	Portionen:
leicht	6 min	4 min	1 Personen

Zutaten

- 10 g Haselnusskerne
- 1 Apfel
- 45 g Akazienhonig
- 70 g Haferflocken
- 10 g Vollmilch
- 110 g Wasser
- 1 Prise Zimtpulver
- 1 Prise Salz

Zubereitung

- Nimm einen Topf und gieße etwas Wasser, Milch und eine Prise Salz hinein, dann gib die Haferflocken hinein und rühre gut um.
- Drehe die Hitze auf mittlere bis niedrige Stufe.
- Koche den Brei etwa 5 Minuten lang, er sollte eine cremige und dicke Konsistenz haben.
- Schalte nun die Hitze aus, gib eine Prise Zimt hinzu und rühre gut um.
- Gieße die Mischung in eine Schüssel und stelle sie beiseite.
- In der Zwischenzeit nimmst du die Äpfel, wäschst sie und schneidest sie in sehr dünne Ringe.
- Nimm eine Pfanne und gieße etwas Honig hinein, lass ihn 2 Minuten lang heiß werden und gib die Äpfel dazu.
- Auf jeder Seite 1 Minute erhitzen.
- Nimm die Schüssel mit dem Brei und fang an, ihn zu garnieren!
- Beginne mit den Apfelscheiben, füge Haselnüsse und eine Prise Zimt hinzu und beträufle sie mit Honig.
- Und jetzt viel Spaß!

Chia-Pudding

Schwierigkeitsgrad:	Zubereitung:	Portionen:	Hinweis:
leicht	11 min	1 Personen	Nacht im Kühlschrank ruhen lassen

Zutaten

- Minze (zur Dekoration)
- 15 g Chia-Samen
- 10 g griechischer Joghurt
- 10 g Mandelmilch
- 2 g Bitteres Kakaopulver
- 5 g Heidehonig
- 40 g Amarenakirschen in Sirup

Zubereitung

- Nimm eine Schüssel und gib die Chiasamen hinein, füge das ungesüßte Kakaopulver hinzu, gieße ein wenig Mandelmilch hinzu und rühre dabei um.
- Fahre fort, bis die Mischung glatt ist.
- Gib den Heidehonig zu der Mischung, rühre um und verschließe die Schüssel mit einer Folie.
- Lass sie über Nacht im Kühlschrank ruhen.
- Nimm ein durchsichtiges Glas, damit du die Schichten sehen kannst! Gib die Mischung mit einem Löffel auf den Boden, dann den Joghurt, dann die Sauerkirschen in Sirup und fang wieder von vorne an!
- Dekoriere mit ein paar Sauerkirschen und Minze!

Cappuccino-Milchshake

Schwierigkeitsgrad:	Zubereitung:	Portionen:
sehr leicht	11 min	2 Personen

Zutaten

- 2 Tassen Kaffee
- Eis
- 125 ml Vollmilch
- 2 Esslöffel Zucker
- 1 Teelöffel Bitteres Kakaopulver
- Sahne
- 5 Kaffeebohnen
- Bitteres Kakaopulver

Zubereitung

- Bereite eine Tasse Kaffee mit dem Mokka zu.
- Nimm einen Topf und erhitze die Milch, 2 Esslöffel Zucker, den Kaffee und den Kakao und rühre gut um.
- Nimm den Mixer, gib das Eis hinein und füge die Flüssigkeit aus dem Kochtopf hinzu.
- Mixe alles auf höchster Stufe, bis du eine cremige Konsistenz erhältst.
- Serviere den Milchshake in zwei gekühlten Gläsern und garniere ihn mit Kakaopulver, Kaffeebohnen, Sahne oder Schokoladenraspeln!

Schokoladentasse mit Mascarpone und Meringues

Schwierigkeitsgrad:	Zubereitung:	Portionen:	Hinweis:
sehr leicht	16 min	2 Personen	Ruhezeit im Kühlschrank

Zutaten

- 2 Eigelb
- 175 g Mascarpone
- 50 g Zucker
- 75 g dunkle Schokolade
- 8 g Butter
- Ein halbes Glas Marsala
- 25 g Sahne
- Dunkle Schokoladenchips
- 2 Meringues

Zubereitung

- Nimm eine Schüssel und einen kleinen Topf, fang an, die Schokolade im Wasserbad zu schmelzen und gib die Butter dazu.
- Nimm die Sahne und erhitze sie in der Mikrowelle (oder in einem kleinen Topf), gib sie zu der Schokolade und der Butter und rühre sie um, bis eine homogene Masse entsteht.
- Die Schokoladencreme mit Frischhaltefolie abdecken und ruhen lassen.
- In der Zwischenzeit nimmst du die Eigelbe und schlägst sie mit einem Schneebesen, bis die Masse hell und schaumig ist.
- Nimm den Mascarpone-Käse und gib ihn unter langsamen Rühren zu den Eigelben, dann gib das halbe Glas Marsala dazu.
- Nimm 3 Schüsseln.
- In die erste Schüssel 2/3 der Mascarponecreme geben.
- In der zweiten Schüssel 1/3 der Mascarponecreme mit der gesamten Schokoladensahne vermengen (du erhältst Schokoladen-Mascarponecreme).
- In der dritten Schale komponieren wir unsere letzte Schale!
- Zerbrösel die Meringues auf dem Boden, gib etwas Schokoladen-Mascarpone-Creme und dann etwas weiße Mascarpone-Creme dazu. Danach kommen ein paar Schokoladenstückchen, dann die zerbröckelte Meringuemasse und wir fangen wieder von vorne an!

Süßer Reis und Zitronenpfannkuchen

Schwierigkeitsgrad:	Zubereitung:	Kochzeiten:	Portionen:	Anmerkung:
leicht	11 min	5 min	2 Personen	30 min Pause

Zutaten

- 150 g Carnaroli-Reis (gekocht)
- 40 g Sultaninen
- Schale einer Zitrone
- 1 Prise Zimtpulver
- 30 g Weizenmehl
- 1 kleines Ei
- 15 g Zucker
- Erdnussöl
- Zucker

Zubereitung

- Nimm eine Schüssel und gib 150 g gekochten Reis, das Ei, Mehl, geriebene Zitronenschale, eine Prise Zimt und ein paar Sultaninen dazu.
- Verrühre die Zutaten gut, bis eine kompakte und weiche Masse entsteht, decke sie mit Frischhaltefolie ab und lass sie 30 Minuten im Kühlschrank ruhen.
- Nimm eine Bratpfanne, gib etwas Erdnussöl hinein und erhitze es gut, aber auf kleiner Flamme.
- Nimm die Mischung, forme mit einem Löffel kleine Kugeln und brate sie auf beiden Seiten goldbraun.
- Wenn die Pfannkuchen goldbraun sind, lass sie abtropfen und wälze sie in Puderzucker.
- Serviere die Pfannkuchen noch heiß!

Mousse aus Schokolade und Avocado

Schwierigkeitsgrad:	Zubereitung:	Kochzeiten:	Portionen:	Hinweis:
sehr leicht	11 min	2 min	2 Personen	15 Minuten Ruhezeit im Kühlschrank

Zutaten

- 20 g Zucker
- 130 g Avocado
- 50 g dunkle Schokolade
-
- Mandelblättchen
- Gehackte Pistazien, Haselnüsse oder Mandeln.

Zubereitung

- Nimm die Avocado, entferne die Schale und den Stein und gib das Fruchtfleisch in einen Mixer.
- Zucker hinzufügen und mixen, bis die Masse glatt und ohne Klumpen ist.
- Stelle die Mikrowelle auf 900 Watt ein, stelle eine Schüssel mit Schokolade hinein und schmelze sie etwa 2 Minuten lang, wobei du sie alle 30 Sekunden umrührst, damit sie nicht anbrennt!
- Kombiniere die Avocadocreme mit der geschmolzenen Schokolade und verrühre sie gut. Fülle die Mischung in einen Spritzbeutel und stelle sie für etwa 15 Minuten in den Kühlschrank.
- Nimm zwei Bechergläser und fülle sie mit der Mischung.
- Garniere mit gehackten Pistazien, Mandeln oder Haselnüssen und serviere deine Mousse aus Schokolade und Avocado!

Erdbeer-Milchshake

Schwierigkeitsgrad:	Zubereitung:	Portionen:
sehr leicht	6 min	2 Personen

Zutaten

- 125 g Erdbeeren
- 90 g Vollmilch
- 3 g Zucker
- 25 g Eis

Zubereitung

- Nimm die Erdbeeren, entferne den grünen Teil und wasche sie.
- Schneide sie in 4 Teile und stelle sie erst einmal beiseite.
- Nimm den Mixer, gib das Eis hinein, füge die Milch und die restlichen Erdbeeren hinzu.
- Zum Schluss fügst du den Zucker hinzu.
- Schalte nun den Mixer ein und mixe, bis die Mischung glatt und cremig ist.
- Gieße die Mischung in ein Glas und garniere sie mit den zuvor geschnittenen Erdbeeren.
- Serviere den Milchshake kalt!

Karamellisierte Bananen

Schwierigkeitsgrad:	Zubereitung:	Kochzeiten:	Portionen:
sehr leicht	6 min	11 min	2 Personen

Zutaten

- Wasser
- 50 g Zucker
- 200 g Bananen
- 5 g Butter

Zubereitung

- Nimm die Bananen, schäle sie und schneide sie in halbzentimetergroße Scheiben. Lege sie beiseite.
- Nimm einen kleinen Topf, gib den Puderzucker hinein und schmelze ihn bei niedriger Hitze, bis er bernsteinfarben wird.
- Gib die Butter hinzu und schmelze sie im karamellisierten Zucker.
- Gieße ein wenig Wasser hinzu und rühre mit einem Löffel um, damit es verdampft.
- Wenn die Mischung glatt ist, nimm die geschnittenen Bananen und gib sie eine Minute lang zum Karamell.
- Genieße die karamellisierten Bananen heiß!

Laktosefreier Kakao- und Zimtpudding

Schwierigkeitsgrad:	Zubereitung:	Kochzeiten:	Portionen:	
leicht	11 min	4 min	2 Stück	Abkühlzeit (ca. 3 Stunden)

Zutaten

- 250 g laktosefreie Milch
- 15 g laktosefreies bitteres Kakaopulver
- 22 g Maisstärke (Maismehl)
- 68 g Zucker
- 1 Prise Zimtpulver

Zubereitung

- Nimm eine Schüssel und gib den Zucker hinein, dann nimm ein Sieb und gib die Speisestärke und den Kakao hinein.
- Speisestärke und Kakao.
- Füge eine Prise Zimt hinzu und siebe alles, um es gut zu vermischen.
- Nimm einen Kochtopf und gieße die Milch bei Zimmertemperatur hinein.
- Gib nach und nach die Pulver hinzu, die du zuvor mit einem Sieb gemischt hast.
- Rühre die Mischung gut um, damit sie glatt und ohne Klumpen wird.
- Schalte nun die Hitze auf mittlere bis hohe Stufe und rühre weiter, bis du die ersten Blasen siehst.
- Koche weitere 4 Minuten und schalte dann den Herd aus.
- Nimm die Puddingförmchen und befeuchte sie mit Wasser.
- Gieße die heiße Sahne hinein und lass sie 16 Minuten lang bei Zimmertemperatur abkühlen.
- Nun die Formen mit Frischhaltefolie abdecken und für 3 Stunden in den Kühlschrank stellen (bis die Masse eingedickt ist).
- Nun serviere sie mit Zimt bestreut!

Pistazieneis ohne Eismaschine

Schwierigkeitsgrad:	Zubereitung:	Portionen:	
sehr leicht	16 min	2 Personen	Basis-Gefrierzeit (über Nacht)

Zutaten

- 100 g Vollmilch
- 50 g geschälte Pistazien
- 50 g Wasser
- 50 g Zucker
- 100 g Sahne

Zubereitung

- Nimm einen kleinen Kochtopf und gib Zucker und Wasser hinein.
- Zünde das Feuer auf kleiner Flamme an.
- Wenn der Sirup aufkocht, schalte die Hitze ab und lass ihn abkühlen.
- In der Zwischenzeit nimmst du einen Krug und gießt die Sahne und die Milch hinein.
- Gieße den Sirup in den Krug mit der Milch und verquirle ihn mit einem Stabmixer.
- Nimm eine Eisform (die, mit der du Würfel machen kannst) und gieße die Mischung in den Krug.
- Nimm nun die Form und lege sie über Nacht in den Gefrierschrank.
- Am nächsten Tag nimmst du die Würfel und pürierst sie, bis sie cremig sind.
- Pistazien hinzufügen und weiter mixen.
- Nimm nun einen Aluminiumbehälter, gieße die Mischung hinein und stelle ihn für 7 Stunden in den Gefrierschrank.
- Nimm das Eis mindestens 10 Minuten vor dem Servieren aus dem Gefrierschrank, damit es cremig wird!

Himbeer-Panna-Cotta

Schwierigkeitsgrad:	Zubereitung:	Kochzeiten:	Portionen:	Hinweis:
leicht	11 min	6 min	3 Personen	Festigungszeit im Kühlschrank 4 Stunden

Zutaten

- 250 ml Sahne
- 10 g Himbeeren
- 4 g Gelatineblätter
- 80 g Puderzucker
- 1 Vanilleschote

Zubereitung

- Nimm einen kleinen Topf, gieße die Sahne zusammen mit dem Zucker und der Vanilleschote (der Länge nach halbiert) hinein und erhitze sie auf kleiner Flamme.
- Rühre die Mischung mit einem Schneebesen um und prüfe mit einem Thermometer, dass sie 80/90 Grad erreicht, sie sollte nicht kochen.
- Weiche in der Zwischenzeit die Gelatineblätter in einer Schüssel mit kaltem Wasser 10 Minuten lang ein und drücke sie dann gut aus.
- Sobald die Sahne auf Temperatur gekommen ist, nimmst du den Topf vom Herd und schaltest ihn aus.
- Nimm ein Sieb und passiere die Sahne, um die Vanilleschote zu entfernen, dann gieße die Sahne in die Schüssel mit der ausgedrückten Gelatine.
- Rühre die Mischung gut um, damit sich die Gelatine auflöst, und erhitze sie dann erneut für ein paar Minuten auf dem Herd.
- Nimm 3 Förmchen und lege 2-3 Himbeeren auf den Boden, dann gieße die Mischung darüber.
- Lass sie 4 Stunden lang im Kühlschrank stehen.
- Um die Panna Cotta aus den Formen zu lösen, tauche die Form für 3 Sekunden in heißes Wasser.
- Dekoriere sie nach deinem Geschmack!

Printed in Poland
by Amazon Fulfillment
Poland Sp. z o.o., Wrocław

19766364R00128